日本コンプレックス
韓国人の対日意識の深層

高月 靖

basilico

日本コンプレックス◉目次

第一章　大好きな日本　23

はじめに

コンプレックスというと、日本では一般に「劣等感」を指す。ただし周知の通り本来は、「複雑な」「入り組んだ」「複合体」などが主な意味だ。

日本人の目に映る韓国人の対日意識、対日感情も、やはりこの本来の意味にあてはまる。「反日」「親日」という単純な図式でなく、相反する感情と利害が複雑に入り組んだ複合体をなしているように見えるからだ。

日本、あるいは韓国のメディアでも、「日韓関係は最悪」というフレーズがメディアに飛び交い始めて久しい。もともと日韓両政府は一九六五年の国交正常化から冷戦が終わるまで、同じ極東の反共陣営として比較的親密な関係を維持してきた。続くグローバル化の時代にも慰安婦、竹島、歴史教科書、靖国参拝といった問題と直面しながら、未来志向の関係を模索してきた経緯がある。民間でも韓流ブームが韓国のイメージアップに大きく貢献したのは、記憶に新しい。

だが慰安婦問題に端を発する李明博《イミョンバク》大統領の竹島訪問（二〇一二年八月）あたりから、日韓関係は悪化が鮮明になった。とりわけ植民地時代の徴用工に対する損害賠償を日本企業に命じた「徴用工判決」（二〇一八年一〇月〜）、慰安婦合意（二〇一五年一二月）に基づく「和解・癒やし財団」の解散（二〇一八年一一月）といった韓国側の動きに、日本側もかつてない不信を抱くようになった。

ところがそんな「最悪」な最中にも、韓国では日本ブームに沸いている。

日本政府観光局によると、二〇一七年に日本を訪れた韓国人旅行者数は過去最多の七一四万四三八人。本稿執筆時点で二〇一八年の総計は未発表だが、一月〜一一月平均からの推計は七四〇万八〇〇人で前年越えはほぼ確実だ。これに対して韓国の総人口は、五一四二万三〇〇〇人（二〇一七年一一月一日基準、韓国統計庁）。つまり総人口の実に七分の一にあたる韓国人が、毎年日本を訪れている計算だ。

旅行人気に煽られるように、韓国国内の日本料理店も急増。また日本庭園、和室、茶道などをテーマにしたカフェやバーもあちこちに登場している。

旅行どころか、日本は就職先としても人気だ。日本で働く韓国人は、二〇一一年の三万六一九人から二〇一七年には五万五九二六人に増加。韓国産業人力公団の調査によると、二〇一七年の海外就職者のうち国別で日本が最多の約二九%を占めた。日本の韓国人労働者は単純労働でなく、ＩＴなど専門技術職が多い点が特徴だ。二〇一七年の場合で九・九%という高い若年失業率を反映し、韓国で開かれる日本企業の合同就職フェアには多くの若者が殺到している。

韓国人は日本が嫌いなのか、好きなのか。こんな質問が意味をなさないほど、日韓両国は絡まり合った現代史を歩んでいる。

本書はそんな韓国人の意識について高所から論じるのでなく、当人たちに直接語ってもらうインタビュー形式で探ってみた。日本との出会いから対日意識の変遷、韓国国内での日本のイメージ、また中国や北朝鮮を含む東アジア全体に対する認識などが、主なテーマだ。率直に吐き出される彼らの肉声に、耳を傾けてみたい（本文敬称略）。

※扉写真　ソウル有数の繁華街、弘大（ホンデ）エリアの一角。韓国では二〇一〇年代後半からの日本旅行熱を反映して、日本料理店が盛況。看板の日本語もより本格的になり、日本国内と見違えるような景色が生まれている。

序章

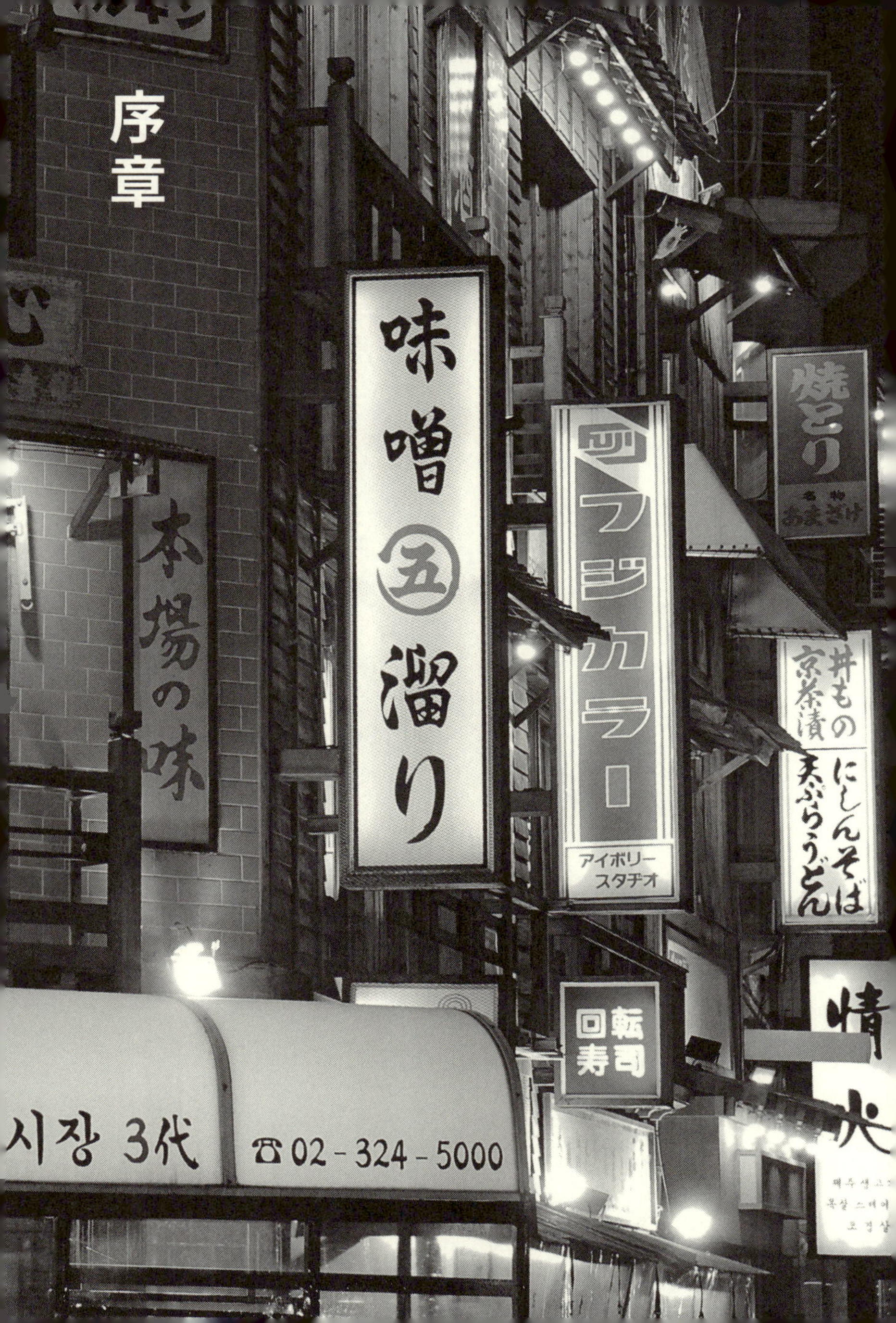
味噌
五
溜り
本場の味
フジカラー
アイボリー
スタヂオ
焼とり
丼もの
京茶漬
にしんそば
天ぷらうどん
回転
寿司
情
시장 3代
☎ 02 - 324 - 5000

歴史と政治が交錯する日韓関係の基本

日韓併合から三六年間の植民地支配を経て、ともに新たな戦後を歩み出した日本と韓国。冷戦体制の下で始まった二国間関係は、時代を経るにつれ複雑に変容していく。日韓の絡まり合った関係を眺めていく上で、その道のりをあらかじめ振り返っておこう。

朴正熙の時代とインスタントラーメン

世界中で最もこよなくインスタントラーメンを愛している国は、韓国だ。

大阪に本部を置く世界ラーメン協会の調査によると、韓国の国民一人あたりインスタントラーメン消費量は記録のある二〇一一年から一貫して世界一位。二〇一七年は計三七・四億食、一人あたり年間約七三食食べている計算だ。日本は同じく計五六・六億食、一人あたりでは約四五食で韓国の六割ほどに相当する。

韓国のラーメンは消費だけでなく輸出も活発だ。二〇一七年の輸出総額は三億八一〇〇万ドル。二〇一八年は四億ドル突破が確実視されている。国別の輸出額では、日本がトップ。以下、中国、アメリカ、ベトナムと続く。

そんな韓国のインスタントラーメンの歴史は、一九六三年に始まる。そこで大きな役割を担ったのが、ほかでもない日本の明星食品だ。一九六三年に韓国初のインスタントラーメンを発売したメーカーは、二年前の一九六一年に創業したばかりの三養《サミャン》食品。創業者は、韓国インスタントラーメンの父と呼ばれたチョン・ジュンユンだ。チョンは大規模な抗日闘争「三一独立運動」が起きた一九一九年、韓国東北部の江原道《カンウォンド》鉄原郡《チョルオングン》に生まれた。ソウル、当時は京城の善隣《ソルリン》商業高校（当時）を経て、朝鮮総督府逓信局保険課に勤務。朝鮮戦争後はサムスン生命の前身である東邦生命副社長を経て、一九六一年に第一生命社長となる。

そのチョンがインスタントラーメン作りを始めたのは、一九六〇年代初頭に見た光景がきっかけだった。ソウルの南大門市場《ナムデムンシジャン》で、米軍の残飯で作ったかゆに貧しい人々が行列を作っていたのだ。当時最貧国だった韓国は深刻な食糧難に陥り、アメリカからの小麦の援助で辛うじて飢えをしのぐ有様だった。食糧問題を何とかしたいと思ったチョンは、一九五九年の日本出張で見たインスタントラーメンを思い出す。日本では前年に「チキンラーメン」が発売されたばかりだった。

それから数年後、チョンは知り合いを辿って中央情報部部長となって間もない金鍾泌《キムジョンピル》にかけ合い、当時は極めて貴重だった5万ドルの外貨を確保する。金鍾泌は一九六一年の朴正熙《パクチョンヒ》による軍事クーデターを支えた少壮将校の中心人物であり、その腹心だ。

こうしてチョンは一九六三年に日本へ渡って技術提携先を探したが、条件や金額など日本側の要求するハードルは高かった。そんなチョンにとって転機となったのが、明星食品社長（当時）だった奥井清澄との出会いだ。チョンの熱意と人柄を見込んだ奥井は技術料やロイヤリティなしで設備を提供、原料の配合表まで提供してくれた。さらに技術者を韓国に送り、生産開始まで支援し続けたという。こうして一九六三年九月、最初の製品「三養ラミョン」の発売に至る。

武力衝突寸前まで緊張が高まった時代

日韓基本条約が調印され、日韓の国交が正常化したのが一九六五年。それ以前も日韓間の貿易はあったものの、自由な人の往来は原則として禁止されていた。だがインスタントラーメンの製造技術が海を渡った一九六〇年代前半には、財界人らの往来が活発化。国交正常化に先立ち、「三養ラミョン」を一例とする民間企業間の技術協力も徐々に進んでいった。

「三養ラーメン」の新聞広告。「韓国食品業界で初めて『三養ラーメン』が大統領（朴正熙）の表彰を受けました！」とある。右下の社名の上には、「日本明星食品株式会社と技術提携」と書かれている（『毎日経済新聞』1967年４月５日付）

化粧品などを手がけた太平洋化学工業（現アモーレパシフィック）は1964年、日本の資生堂との提携による新ブランド「ブルーバード化粧品」を発表。その広告では資生堂のブランドイメージが強くアピールされていた（『東亜日報』1966年２月17日付）

一九四八年の韓国政府樹立から長く停滞していた日韓関係は、こうして国交正常化に向かって動き出す。その転換となったのは、一九六一年五月の朴正熙による軍事クーデターだ。戦後から国交正常化をはさんで現在に至る過程について、あらかじめ簡単に振り返っておこう。

日本の敗戦＝光復を経て朝鮮半島では朝鮮人民共和国が発足するが、アメリカはこれを否認し軍政を開始。やがて一九四八年八月及び同年九月に、それぞれ南の大韓民国政府、北の朝鮮民主主義人民共和国政府が樹立される。米軍政庁をバックに韓国で初代大統領に就任した李承晩《イスンマン》は、それまでの三三年間をアメリカで過ごした亡命活動家だ。

李承晩は日本統治時代の下級官吏約七万人、いわゆる対日協力者＝「親日派」を行政の実務者として起用。一方で反日ナショナリズムを政権のイメージ強化の手段としてアピールしつつ、日本を中心とした経済圏に韓国を組み込もうとするアメリカにも反発する。急速に戦後復興する日本との関係強化は経済的な実利を得られるが、李承晩は独自の自立基盤構築を掲げ、日本への経済的依存を回避しようとしていた。

そうしたなか一九五一年の予備会談を皮切りに、日韓国交正常化交渉が始まる。一九五二年の第一次会談では、植民地支配に触れないまま二国間の友好条約を主張する日本に対し、韓国側は過去の清算、また日韓併合に至る条約や協定の無効を主張。双方の主張が原則から対立し、会談は物別れに終わった。

この結果に激しく反発した韓国側は、「李承晩ライン」での日本漁船の拿捕と乗組員の抑留を開始。「李承晩ライン」は一九五二年一月、韓国が主権を行使するとして朝鮮半島周辺の広大な海域に一方的に設定した海域線だ。一九五五年八月には、砂田重政防衛庁長官が李承晩ラインでの取り締まりに対して武力対応を主張。韓国側もこれを受けて漁船を撃沈するとの声明を出すなど、日韓関係は武力衝突の瀬戸際まで緊張が高まった。

その後も日韓関係は国交正常化に進展がないまま、紆余曲折が続く。一方で韓国経済はアメリカからの援助に依存し、産業の育成が停滞。韓国は最貧国の一つに数えられ、人々の生活は窮乏を極めた。チョン・ジュンユンが飢えた人々の行列を見たのは、ちょうどこんな時代だ。やがて一九六〇年四月、李承晩政権の独裁政治、不正選挙に対する市民や学生の大規模な蜂起が発生。すでに八五歳を迎えていた李承晩は退陣、ハワイへの亡命を余儀なくされた。

日韓国交正常化とその代償

李承晩に続く短期政権をはさんで、一九六一年五月に陸軍少将だった朴正熙を中心とする少壮将校らがクーデターを決行。朴正熙はこれにより成立した国家再建最高会議の議長を経て、一九六三年に大統領となる。一九一七年に生まれた朴正熙はよく知られている通り、日本統治時代に日本の陸軍士官学校を卒業した元帝国軍人だ。

朴正煕も李承晩と同じく反共を国是としたが、同時に戦前及び戦後の日本をモデルとした経済開発を推進。国民を飢餓や貧困から解放する経済開発を、軍事クーデターの大義名分とした。経済開発にはまた、北朝鮮との体制競争という側面もある。一九五六年時点で北朝鮮の石炭生産は韓国の五倍超、また発電能力が五倍、鉄鋼生産高が三倍に上っていた。

韓国にとって経済開発のために欠かせなかったのが、日本との協力だ。朝鮮特需で弾みをつけた日本は当時、極貧にあえぐ韓国と対照的に高度経済成長が始まった時期にあたる。またアジアの冷戦が鮮明化する状況で、ともに反共陣営に属する日韓の経済協力は必然の流れでもあった。

朴政権は一九六〇年代前半、法改正などを通じて日本の借款や資本財導入への道を開く。同時に中断していた日韓会談も再開した。

懸案とされた請求権問題は一九六二年一〇月、大平正芳外相と金鍾泌の会談で妥結。日本が有償及び無償の「経済協力」及び民間投資を行う代わりに、両国間の請求権問題が「完全かつ最終的に解決された」ことが確認された。一方で竹島問題を巡っては双方の主張が平行線のまま解決が見送られ、国交正常化後に話し合うことで合意。また「李承晩ライン」は、日本が韓国漁業の近代化のため経済協力を行うことを引き換えに撤廃された。

朴正煕はまた一九六五年、ベトナム戦争への韓国軍派兵を決定。これにより韓国はアメリカからさまざまな形で累計一〇億ドル近い見返りを手にした。日本からの経済協力、そしてこの「ベトナム特需」を土台に、韓国は「漢江《ハンガン》の奇跡」と呼ばれる高度経済成長へ突き進んでいく。

こうして日韓関係はそれまでの長い空白期を終え、共通の戦後を歩み出した。日韓の貿易は急増し、韓国での日本企業の存在感は急速に増していく。根強い反日感情や警戒心を反映して日本の大衆文化の流入が制限された半面、先進的な日本ブランドは人々の憧れの対象としてアピールされるようになる。

日韓の国交正常化はまた、冷戦下での反共陣営の強化という外的な要因、直接的にはアメリカの圧力に押された部分も大きい。そうしたなかで過去の清算、日韓併合に至る条約などの無効といった韓国側の当初の主張が置き去りにされたともいえる。

日韓の政界を結びつけたパイプ

日本で観光目的の海外渡航が自由化されたのは、一九六四年。一方の韓国は一九八三年から段階的に解禁され、一九八九年に完全自由化された。こうした不均衡は一九七〇年代に入り、日本人男性による買春ツアー＝「妓生《キーセン》観光」としてクローズアップされていく。

一九六六年に韓国を訪れた観光客六万七九九六五人のうち、日本人の割合は二四・八％。これが一九七二年には三七万六五六人のうち日本人が五八・六%と、一三倍近くに急増している（『東亜日報』一九七三年五月一六日付）。さらにこの日本人観光客のうち九〇%超が男性だった。

一九七〇年代にはまだ民間の交流がこのように偏っていたが、日韓の政治的な結びつきは非常に親密だった。日韓は当初アメリカをはさんだ日米韓の三国関係を軸としていたが、一九七〇年代に入って駐韓米軍の縮小、米中接近、ベトナム統一などでアジアの冷戦体制が流動化。こうした動きは、日韓の政財界に直接的な関係の強化を促す形で作用した。

その媒介となったのが一九六八年発足の日韓議員懇談会を前身とする日韓議員連盟、また一九六九年発足の日韓協力委員会など、政財界を中心に日韓を横断する人的ネットワークだ。そこでは保守政治家同士が反共イデオロギーを通じて結びついていたことに加え、日本側から流れ込む資金を日韓の政界に還流させる「日韓癒着」の構図もあった。一九七〇年代には「金大中《キムデジュン》事件」「文世光《ムンセグァン》」事件など両国間の不信が高まる事件もあったが、政治的な決着が図られている。

冷戦終結と民主化がもたらしたもの

戦後の日韓関係を構築した朴正熙は一九七九年一〇月、側近によって暗殺される。これにより維新体制と呼ばれた独裁政治が崩壊し、韓国では民主化の期待が高まった。だが同年一二月のクーデターで、全斗煥《チョンドゥファン》が政権を掌握。全は民主化を阻止して軍事独裁を確立し、一九八〇年から一九八八年まで大統領を務めた。一方経済面では一九八〇年代後半からはウォン安や原油安などに助けられて輸出競争力が高まり、韓国は新興工業国群（ＮＩＥＳ）の優等生として台頭する。

全は日本に対しても朴政権と同様、冷戦と極東の安保をふまえた経済協力を主張。一九八二年一一月に発足した中曽根康弘政権はこれに応え、翌年から一九八四年にかけて両首脳の公式相互訪問が実現する。両首脳は「不幸な過去」をふまえつつ新しい日韓の未来を開くという、「日韓新時代」をアピールした。

日本ではまた、一九八八年のソウル五輪をまたいで韓国ブームが起こる。ＮＨＫ「アンニョンハシムニカ ハングル講座」が始まったのは一九八四年だ。一九八九年には韓国の海外渡航も完全自由化され、日本人男性に偏重していた人の交流が多様化。民間主体の文化交流、また自治体レベルでの交流も盛んになっていった。

一九八七年の民主化宣言にともない、一九八八年に行われた直接選挙で盧泰愚《ノテウ》政権が発足。こうして民主化が進むにともない、韓国はそれまでの強権的な政治から脱却していく。同時に市民社会の声を反映した国内政治によって、外交政策が左右されるようになった。朴正熙、全斗煥といった長期政権をバックに日韓の政界を結びつけた人的ネットワークも弱体化し、政治的な調整機能が失われていく。

冷戦体制の崩壊とともに、かつて日韓を結びつけてきた外的な圧力も弱まった。やがて一九九三年に発足した金泳三《キムヨンサム》政権は、近現代史の評価を見直す「歴史の立て直し」を宣言。またこれと前後して、歴史教科書、靖国参拝、竹島、慰安婦という「歴史認識問題」が新しい日韓の外交懸案として浮上した。かつて強権的な政治体制の下で「解決済み」とされてきた歴史認識のわだかまりが、民主化によって溢れ出した格好だ。

一九九八年からの金大中政権では、歴史問題に区切りをつけて未来を志向する「日韓共同宣言」が署名された。しかし続く盧武鉉《ノムヒョン》政権、李明博《イミョンバク》政権で竹島及び慰安婦問題が改めて争点化。両国の首脳が互いに訪問し合う「シャトル外交」は、朴槿恵《パククネ》政権から途絶えた。

入り組んだ国際環境、内政、歴史観、そして民族感情を軸に、変転を重ねてきた日韓関係。「日韓共同宣言」から二〇年経った二〇一八年、日韓関係が「過去最悪」と言われたのは周知の通りだ。日本と韓国がこれからどこへ向かっていくのか、まだ予想のつかない展開が待ち受けている。

第一章 大好きな日本

味噌 五 溜り
フジカラー
アイボリー スタヂオ
焼とり
名物 あまざけ
丼もの 京茶漬
にしんそば 天ぷらうどん
本場の味
回転寿司
情
시장 3代
☎ 02 - 324 - 5000

「倭色追放」と日本文化ブーム

解放後の韓国で「倭色」の烙印を押され、恐れと排斥の対象となった日本の大衆コンテンツ。

だが大衆消費社会を迎えた一九八〇～九〇年代の韓国は、刺激的な日本文化を貪欲に消費していった。

そんな時代に青春時代を送った会社経営者に、「日本文化ブーム」の記憶を辿ってもらった。


インタビュー◉キム（仮名／男性／一九六九年生／会社経営）

祖父母が日本へ渡った世代

「弟が日本に住んでいるんですよ。二〇数年前に早稲田大学に留学して、博士課程まで進んで、そのままずっと。長く住んでいるので、いまでは日本のほうが居心地がいいそうです。韓国のように他人に干渉しないので気楽だ、と言っていました」

「留学といえば母方の祖父も……『大正時代』でしたっけ？　一九二〇〜三〇年代頃に、日本の医大に通っていたんですよ。でも帰ってきたら医者は自分に合わないと言って、何もしなかった（笑）。おかげで母の実家が傾いたそうです」

「キム」とだけ名乗るこの男性は、一九六九年ソウル生まれ。化学品などを扱う貿易会社を経営している。「江南《カンナム》スタイル」で有名になったソウルのアップタウン江南の「億ション」に暮らす一方、子供二人の法外な私教育費に頭を悩ませているという。

キムら一九六〇年代生まれの韓国人は、祖父母が日本統治時代に青年期を過ごした世代だ。そのためお祖父さんが日本に留学していた、という人も意外に少なくない。もちろんそうした恵まれた話だけでなく、祖父母あるいは親から当時の辛苦を聞かされることも少なくない。

「日本が嫌いという韓国人もたくさんいます。主な理由は歴史のせいでしょう。一定世代より上はそうした教育を受けたりもしましたし、その両親の世代が体験したことを直に聞かされたりしますから、どうしても拒否感を感じるんです。いまの四〇代以上がそうですね」

だが一方でキムらの世代は、日本に対して全く別の感情を抱いた人も少なくない。彼らが若者だった一九八〇〜九〇年代、韓国で日本文化ブームが沸き起こっていたからだ。一九七〇年代の経済成長を経てようやく大衆消費社会が到来した韓国にとって、隣国の進んだコンテンツは格好の消費の対象だった。

消費されてきた日本文化

「『関心のある国は？』と聞かれて多くの人が答えるのは、生活の豊かな先進国でしょう。アメリカ、ヨーロッパ、日本……。日本人も戦後そうだったし、韓国人も例外ではありません。あるいは東南アジアの貧しい国では最近、韓国に憧れを持つ人たちも増えています」

ニューヨークやパリに長期滞在したこともあるというキム。日本文化に対しても、日韓の枠を超えた視点からの分析を試みる。

「どの国の文化に関心があるかということで言えば、私の場合は日本文化やヨーロッパ文化などです。それはつまり自分がこれまでよく消費してきた外国の文化、ということ。イタリアのスーツがいいから着ようとか、日本でいえばコンテンツとか……。現代の日本文化は特に、消費文化として発達していますよね」

「歴史的に見ると、日本の伝統文化は意外と韓国に入ってきていないんですよ。中国や朝鮮の文化は逆にたくさん入っていきましたけど。例えばオランダやポルトガルとの交易などを通じて、日本文化がヨーロッパの美術に影響を与えたりしましたよね。ああいうのがないんです」

「その代わり現代のポップな日本文化は、韓国でたくさん消費されている。哲学的に頭を悩ますようなのでなく、気楽でスピーディで楽しい文化……。もちろん例えばマンガ作家が、哲学的なテーマに取り組もうとすることもあるでしょう。でもビジネスとしては、やはり気楽で取っつきやすくなくてはいけない。そんな消費文化のイメージが強いですね」

「こんな風に感じているのは私だけではありません。日本文化と聞いて何を連想するか、韓国人に聞けばおおむね同じ答えが返ってくるでしょう。マンガ、アニメ、映画、音楽……。あとAVもつけ加えなくてはいけませんね（笑）」


青年時代を過ごした一九八〇～九〇年代、キムはよく東京へ遊びに出かけたという。キムはその当時、日本の「大衆文化」が韓国で盛んに消費されていたと語る。

「いまは韓国の音楽がK-POPとして日本へたくさん入っていますが、当時は韓国が日本の音楽、アニメ、テレビ番組などを盛んにパクっていた時代でした。表向き禁止されていた日本の大衆文化を金大中《キムデジュン》政権（一九九八～二〇〇三年）が開放したのが、一九九〇年代の終わり頃だったでしょうか。でもそのずっと以前から個人的に、またこっそりと日本のコンテンツを持ち込む人がたくさんいて、すでに韓国で大量に流通していたんですよ」

「私の場合、日本の音楽をよく聞きました。安全地帯、サザンオールスターズ、オフコース、その次にミスターチルドレンとか……。それより前、一九八〇年代には女性アイドル。松田聖子、中森明菜なんかをよく聞いていましたね」

「低俗な倭色文化」との葛藤

一九四五年の解放、一九四八年の政府樹立を経た韓国では、「文化的な独立」が民族的課題として掲げられた。つまり三六年間の日本統治時代にどっぷりと根を下ろした日本文化を浄化することが、民族のアイデンティティ確立に不可欠と唱えられたわけだ。

そこから登場した言葉が「倭色」。日本文化の痕跡などを表す「日本色」の意味だ。倭寇を想起させるこの言葉は侵入者の脅威を象徴すると同時に、野蛮な倭を見下す文化的な優等意識もにじませていた。こうして「倭色追放」、つまり日本色の締め出しによる文化的な独立、あるいは民族の主体性の確立が追求されていく。

その運動には、例えば「倭色看板」の撤去も含まれている。敗戦を経て日本人が去った後の朝鮮半島には、当然ながらその生活の痕跡がそっくり残された。街なかに並ぶ看板はみな日本語で書かれており、景色だけでは日本なのか朝鮮なのかも分からなかっただろう。

またそうした目に見える部分だけでなく、人々の頭のなかにも「倭色」は鮮明に残っていた。例えば釜山《プサン》では、解放後二年経ってなお日本語で話す人が多かったことが伝えられている。故郷に戻れば忘れてしまえる日本人と異なり、朝鮮人は常にこうした「倭色」、つまり植民地の残滓と向き合わざるを得ない状況に置かれていた。

だが「倭色追放」は一方で、さまざまな矛盾とも直面している。

そもそも反日イデオロギーを掲げて日本色の一掃をうたった李承晩《イスンマン》政権（一九四八～六〇年）自体、日本統治時代に朝鮮総督府の官吏を務めた植民地協力者＝「親日派」を行政の実務者として多数囲い込んでいた。またアメリカの庇護の下で東西冷戦に組み込まれた韓国は、同じ西側陣営の隣国である日本と間接的な同盟関係にある。

植民地の残滓とはまた別に、解放後に入ってくる日本製品あるいは日本文化という新たな「倭色」もあった。朝鮮戦争（一九五〇～五三年）で荒廃した韓国は経済発展のために日本との貿易に依存せざるを得ず、対日貿易赤字を拡大させていた。人々はまた奢侈な日本製品に憧れ、その需要を満たす密輸も横行。さらに一九六五年の国交正常化を経て日韓の経済的結びつきが深まると、日本製品なども含めた「倭色」の一掃は事実上不可能になる。

そうしたなかで新たな「倭色追放」の標的として絞り込まれていったのが、大衆文化。つまり産業や生活に欠かせない実用品、科学技術、クラシック音楽など「高尚な文化」の流入を認める代わりに、日本製の歌謡曲、映画、テレビ番組などのコンテンツが、韓国人の主体性を汚染する「低俗な倭色文化」に位置づけられたわけだ。

海賊版が氾濫した日本文化ブーム

低俗で主体性を脅かすとまで問題視された「倭色」。もっとも『戦後韓国と日本文化「倭色」から「韓流」まで』(金成玟《キムソンミン》著/岩波書店)によれば、「倭色禁止」を明確に規定した法律はなかった。「倭色禁止」は「きわめて曖昧な法的根拠を持つ社会規範」であり、実際に「『禁止』を作動させたのは、日本大衆文化の流通や消費を問題化する『言説』」だったという。そうした言説を背景として放送審議委員会、放送倫理委員会といった各種の審査、検閲機関が、歌謡曲や映画などの作品ごとに禁止措置を決定していた。

ただしこの「低俗な倭色文化」の侵入はメディア、時には国会で非難を浴びたものの、それが止むことはなかった。理由はいうまでもなく、韓国人にその需要があったからだ。

前述の通り、キムが日本の女性アイドルに傾倒していた一九八〇年代は韓国が本格的な大衆消費社会へ移行した時期にあたる。家庭用ビデオデッキの普及率は一九八一年の〇・五%に対して一九九三年末は七五%。またソニーのウォークマンに代表されるポータブルカセットプレヤーも、一九八〇年代末には一世帯に一台、一九九二年には一人一台の時代といわれた。

そうした時代、中高生から大学生を中心に日本の大衆文化がブームとなる。

いまのような著作権意識がなかった当時、市販カセットテープの多くを無許可コピーされた海賊版が占めていた。なかでも中高生、大学生ら若者に人気だったのが、松田聖子、中森明菜、近藤真彦といった日本のアイドル音楽だ。ソウルの大学街では当時、そうした日本の歌謡曲を流す喫茶店が若者たちで賑わっていた。

日本文化ブームと青少年の「主体性」

「当時はまた日本の雑誌が流行っていたんですよ。私が見ていたのは『近代映画』『明星』『ロードショー』『スクリーン』などですが、女子高生は女性誌やファッション誌にも夢中になっていました。明洞《ミョンドン》(ソウル旧市街の繁華街)の裏通りに日本の雑誌を専門に扱う書店が並んでいて、みんなよく買いに行っていましたね。書かれている日本語が読めなくても、みんな写真や付録のポスター、ブロマイドを楽しみにしていました」

一九八六年一〇月二五日付の『東亜日報』記事「青少年層に向かっていく『日本ブーム』」は、この時代の日本ブームをよく伝えている。キムの言う通り、当時は円高だったにもかかわらず日本の雑誌が高校生や大学生によく売れ、そこからヘアスタイルなどの流行にも影響を与えていたようだ。また近藤真彦、松田聖子らアイドル歌手の曲が人気を集め、青少年の間でダビングした音源が共有されていたことなども報じられている。

もっとも記事はあたかも青少年の非行問題のように、この風潮に警鐘を鳴らす意図で描かれている。例えば書き出しはこうだ。「最近青少年の間で日本のファッション雑誌、大衆歌謡、小説、ヘアスタイルなどが度を超えて流行しており、配慮ある指導が求められている」。

記事中ではそのほかソウル大学の教育学教授が、「倭色の風潮は成長過程にある青少年の考えに影響を及ぼすだけでなく、主体性の欠如をもたらしかねない」と懸念を募らせている。またソウル市教委の担当者は取材に対して、「日本誌を含む青少年向け雑誌三五点を購入して分析中」と対策を講じていることをアピールしつつ、「現場の教師と保護者が根気強く指導、啓蒙していかなくてはいけない」と釘を刺した。

逆輸出されるアイドルビジネス

青少年の主体性はともかく、当時の日本ブームは韓国の大衆文化に大きな影響を残している。アイドルグループという新しい音楽ビジネスの仕組みもその一つだ。この系譜が現在のK-POPに連なっているのはいうまでもない。

韓国アイドルグループの元祖的存在が、一九八七年デビューの男性三人組「消防車《ソバンチャ》」。大衆音楽評

1986年10月25日 土曜日

청소년층에 빗나간「日本바람」

「논노」「캉캉」등 패션잡지 날개돋쳐
대중가요流行…머리모양까지 본떠

최근 청소년들사이에 日本의 패션잡지 대중가요 소설 및 헤어스타일이 정도를 지나치게 유행하고 있어 이에 대한 관심있는 지도가 요망되고있다.

3、4년전 日本의「가라오케」가 상륙해 곳곳으로 크게 번졌고 日本의 인기소설이 많이 번역돼 인기를 끌었지만 이는 주로 성인층에 국한된 것들이었다.

최근 청소년들사이에「日本유행」을 만들어내는 장본인은 日本의 잡지들.「스크린」「뮤직라이프」등연예잡지를 비롯,「모아」「위드」「앙앙」등 여성지,「논노」「캉캉」등 패션잡지들이 특히 청소년들에게 많이 팔리고있다.

서울西大門구天然동 D여고앞의 한 서점주인은『엔화가 강세여서 그런지 성인층에서는 요즘 별로 日本잡지를 안사는데 비해 청소년들이 예년에 비해 2、3배나 더 많이 사가고 있다』고 말했다. 또 교보문고 日本서적판매부에서도『日本잡지 구매층의 연령이 점차 낮아져 특히 패션잡지의 경우는 구매층의 약 70~80%가 중고교생들』이라며 이상한 현상이 생기고 있다고 말했다.

日本語 해독이 불가능한 대부분의 청소년들은 잡지를 읽기위해 사는것이 아니라 화보를 보거나 인기연예인의 대형 브로마이드(사진)을 얻기위해 잡지를 산다는 것.

이밖에 몇년전 우리나라 성인들에게 크게 유행됐던 日本대중가요가 요즘은 청소년들에게 인기를 끌고있다.「고이비토요」를 부른「이쓰와 마유미(五輪眞弓)는 이미 고전에 속하며「긴기라 긴」「천국의 키스」를 부른「곤도 마사히코」(近藤眞彦)나「마쓰다 세이코」(松田聖子)도 요즘 우리나라 청소년들에게 선풍적 인기를 끌고있다.

대중가요의 경우 최신가요까지 재빨리 유행하고있는데 日本 레코드판이나 테이프가 입수되면 서로 돌려가며 복사해서 듣고 뜻도 모르는채 가사를 외며 노래를 부른다는것.

日本대중소설 역시 청소년들의 인기를 끌고있다. 이 소설들은 대부분 저질 애정소설이나 출세주의적 기업소설 또는「사무라이」소설들인데 이같은 얄팍한 흥미거리소설들이 우리나라의 고전이나 소설을 앞질러 청소년들에게 인기를 얻고있는 실정이다.

최근 젊은 여성과 청소년사이에 머리 윗부분만을 추켜올려 묶는 머리형이 크게 유행하고 있는데 청소년들은 이를「사무라이」헤어스타일이라고 부른다.

金信一교수(서울대・교육학)는『청소년들 사이에 유행하고 있는 日本대중문화및 옷이나 화장품에서의 왜색풍조는 자라는 청소년들의 사고방식에 까지 영향을 미칠뿐 아니라 주체성의 결여를 초래할 수도 있다』면서『전통문화에 대한 학교및 사회교육의 부재가 이런 현상을 낳게하고 있다』고 분석했다.

현재 이런 풍조가 심한 서울江南지역의 일부 중고교에서는 교사들이 개별적으로 학생들에게「日本풍조를 경계할것」을 지도하고 있지만 별 효과가 없다고 한다.

이 문제에 대해 서울시교위 金鎭晟생활지도담당 장학관은『시중에 나도는 日本잡지를 포함한 청소년대상잡지 35종을 구입해 내용을 분석중』이라며『학생들의 일본색 선호풍조는 일률적 규제로 해결될 문제가 아니라 일선교사와 학부모들이 학생들을 상대로 꾸준히 지도계몽해 가야할 일』이라고 말했다.

<鄭星姬기자>

일본 대중잡지들이 주로 청소년들에게 일본색 선호풍조를 유행시키고 있다.

『東亜日報』「青少年層に向かっていく『日本ブーム』」(1986年10月25日付)

論家のシン・ヒョンジュンは、二〇〇七年三月一八日付『ハンギョレ新聞』で次のように述べている。「消防車を語る時に欠かせないのが、日本ブームだ。より具体的に言うなら、ジャニーズ事務所の作品である『少年隊』の輸入代替品だったという事実だ」。少年隊と消防車は一見つながりがなさそうだが、「ソニョンデ（少年隊）」と「ソバンチャ（消防車）」という韓国語の語感はよく似ている。

当時はまた同じくジャニーズ事務所の光GENJIを真似て、ローラースケートでのパフォーマンスを見せるグループ「ヤチャ」などもいた。日本のアイドルグループが自国の青少年層を熱狂させるのを見て、韓国芸能界がその模倣を作り出すのはむしろ当然の流れだっただろう。

消防車を企画して売り出したマネージャーが、イ・ホヨン。彼が一九九二年にデビューさせた男女混成五人組グループ「ZAM」は、一九八九年結成の日本のグループ「ZOO」を強く意識したといわれている。イ・ホヨンは後に芸能事務所DSPメディアを設立。同社が二〇〇七年にデビューさせたのが、日本で第一次K-POPブームの主役となった女性グループ「KARA」だ。

一九九〇年代前半にはまた、一〇代を中心に絶大な支持を集めたヒップホップグループ「ソテジワ アイドゥル」も登場している。彼らは自身でレコード会社に売り込んだセルフプロデュースのアーティストだったが、そうしたスタイルはメジャーな市場に根づかなかった。代わりに普及したのが、芸能事務所が企画して売り出す日本式のアイドルグループ。そこから韓国式の洗練を加えたアイドルビジネスとして、K-POPが逆輸出されていったわけだ。

「日本文化開放の衝撃は軽微」

韓国は一九八八年のソウル五輪を控え、「文化的グローバル化」の波に晒される。とりわけ知的所有権を重視する米レーガン政権の圧力は大きかった。韓国は一九八六に著作権法を改正し、一九八七年には「万国著作権条約」に加入。これにより海賊版の天国だった韓国のコンテンツ市場は、著作権を巡るグローバルな秩序に組み込まれる。同時に海賊版で流通していた日本のコンテンツも、正規輸入される動きにつながっていった。

一九八〇年代にはまだ青少年の「主体性の欠如」が真剣に懸念された「倭色」問題。だが民主化、冷戦の終結、グローバリゼーションを経た一九九〇年代、日本の大衆文化に対しても開放ムードが徐々に広がり始める。

そうしたなかで盧泰愚《ノテウ》政権（一九八八～九三年）、金泳三《キムヨンサム》政権（一九九三～九八年）も「開放化」「世界化」のスローガンを掲げ、日本文化の解禁をアピールするようになる。一連の流れを経て韓国は、一九九八年から段階的な「日本大衆文化開放」を実施。二〇〇四年の第四次開放で、ほぼ全面的に解禁された。

だがかつてあれほど憂慮された「倭色」の全面開放は、いざフタを開けてみるとさして大きなイベントとならなかった。映画監督としても著名なイ・チャンドン文化部長官（当時、文化部は文科省に相当する省庁）は第四次開放に先立つ二〇〇三年六月、次のように述べている。「日本文化開放にともなう衝撃は、当初憂慮されたよりも軽微だ」。

実際に第一次、第二次開放を受けて日本映画は一時的にシェアを伸ばしたものの、二〇〇一年以降は低調にとどまっている。「新しい歴史教科書をつくる会（つくる会）」の教科書が同年採択されたことで火がついた歴史問題の影響も指摘されるが、理由はそれだけではないようだ。

逆転の岐路に現れた「ヨン様」

「日本の音楽は、一九八〇～九〇年代にものすごく影響力がありました。ですがいまは、全く話題に上りません。むしろ中森明菜とか当時のアイドルを懐かしむ話が出るくらいで、すっかり過去の話題になりました。アンダーグラウンドではまだ面白い人がいると思うんですけどね。映画も是枝（裕和）監督などの作品がたまに注目されたりしますが、以前ほどではありません」

二〇一六年に日本が韓国へ輸出したコンテンツは、一億五〇〇〇万ドル。それに対して韓国から日本への輸入は、九倍超の一三億七六〇〇万ドルに上っている。

「私は二〇〇二年の韓日ワールドカップを境に、韓国文化と日本文化の位置づけが逆転したように思います。日本文化は韓国で一時期ブームになりましたが、ずっと同じことを追求するだけで壁を崩せなかった。その間に韓国はインターネット文化が飛躍的に発達して……。そんな転換期に出てきたのが、『冬のソナタ』（二〇〇二年）のヨン様だったんです。ジェントルでスイート、ミステリアスなヨン様は、当時の日本になかった古いマンガのようなキャラクター。だから日本では高い年齢層の女性に受けたんでしょう」

日本の雑誌を買いに来る若者で賑わったという明洞の裏通りはいま、外国人観光客向けの両替商が軒を連ねている。街なかはK-POPの音とビジュアルで溢れ、かつて若者を熱狂させた日本ブームを偲ばせる痕跡はない。

「あれだけ力のあった日本文化が魅力を失ってしまったのは……、私にはソニーの没落と重なって見えるんです。例えばウォークマンやビデオのベータ規格など、誰が何と言おうと自分たちはこれで行くんだという強い気概、こだわりが感じられました。ある種の〝男らしさ〟といえるかも知れません。それがなくなって、日本文化も力が弱まっていったのではないか――。私にはそんな風に思えますね。ただし日本は韓国の一〇年後の姿、という話もよく聞かれます。残念ですが、韓国の文化もやがて力を失っていくのは避けられないかも知れません」

宗教のように「どうしようもない」問題

「倭色追放」という戦後の反日ナショナリズムが形骸化していった一九九〇年代。だが一方で一九九二年以降本格化した従軍慰安婦問題、一九九四年の国連海洋法条約発効などにともなう「独島《トクト》ナショナリズム」の高まり、二〇〇一年の「つくる会」教科書採択など、日韓の問題はこの間にどんどん新たなフレームに組み替えられていった。

かつてない友好ムードのなかで始まった「日本大衆文化開放」は、結局「軽微」な影響を与えただけで終了。ほぼ全面解禁となった第四次開放の翌年、二〇〇五年には島根県の「竹島の日」制定で一気に関係が冷え込んでいる。一九八〇~九〇年代の日本文化ブームを体験したキムは、こうした両国間の摩擦をどう見ているのだろうか。

「両国の政治家が、自分たちの立場のために韓日の問題を利用する傾向がありますよね。特に日本の政治を見ていると、国民を一つに糾合する『コーポラティズム』のために公共の敵を必要としている、そんな風に思えます。核の脅威をもてあそぶ北朝鮮、靖国参拝など日本の内政にいちいち干渉してくる韓国……。これらは政治家が作り出したプロパガンダなんですよ」

「それぞれの側が、こうした問題を政治的に利用している。例えば独島問題が浮上する際も、解決しようというよりは、互いが問題化させ続けようとしている部分があると思います。数々の問題がありますが、その気になれば簡単に解決できるんですよ。でも政治的に利用するためには、勝ち負け以上に争い続けることが重要になる。それで国民同士も日本がどうした、韓国がどうしたと、例えば『2ちゃんねる』とかそんなサイトで争っているんじゃないでしょうか。ネットでは特に捏造も簡単ですから」

「韓国人が日本人と友人として会う時、普通はこうした問題は関係ありません。でも慰安婦問題とか歴史問題について話し合うとなれば、敏感にならざるを得ない。国民としての立場がありますから。そうなると宗教的な問題みたいで、もうどうしようもありませんよね」

オタク少年たちの日韓関係

韓国の若い世代の一部で大きな影響力を見せる日本のオタク文化。

一方で日本文化の浸透に危機感を抱くかのように、アニメや漫画を巡る「右翼論争」も絶えない。

日本に関心を持つ一七〜二一歳の韓国人オタク五人に、日韓関係や歴史問題について聞いた。

インタビュー◉キム・ガンウ（仮名／男性／二〇〇〇年生）
シン・スンチョル（仮名／男性／二〇〇一年生）
チェ・ジュンウォン（仮名／男性／二〇〇一年生）
チョン・ワンギュ（仮名／男性／一九九七年生）
パク・ソンジェ（仮名／男性／一九九七年生）

新しい和製韓国語として根づいた「オタク」

日本による三六年間の統治は、現地の言葉にも大きな影響を残している。分かりやすいのは、戦後も現地に根づいたまま使われてきた日本語だ。日帝残滓として韓国語への言い換えを奨励する運動も行われているが、いまだに多くが日常で使われている。

例えばシマイ（終い）、シアゲ（仕上げ）、デコボコ（凸凹）、ギャク（逆）などは、しばしば現地メディアで言い換えが必要と指摘される日帝残滓の典型例だ。だがクドゥ（靴）、カバン（鞄）、チラシ（ちらし）、あるいは和製外来語のトマト、オートバイなどはもうすっかり韓国語の一部として定着しており、もはや言い換えの余地はなさそうにうかがえる。

戦後は日帝残滓として排除が求められた韓国語中の日本語。だが最近になって新しくまた韓国に根づいた日本語もある。その代表例が「オタク」だ。

日本の漫画、アニメなどいわゆるオタク文化は、世界のアンダーグラウンドなウェブ文化で一定の影響力を振るっている。もちろん韓国も例外でなく、むしろ隣国としてダイレクトに強い影響を受けているのが現状だ。

一九八〇～九〇年代の日本ブームが去った現在、リアルタイムで最も韓国に浸透している日本の大衆文化がこのジャンルだろう。オタクという言葉もそのままハングル表記した오타쿠《オタク》がメディアの報道などでも一般に使われているほか、韓国の人名風にアレンジした오덕후《オドクフ》というスラングも定着。〇〇オタクの意味で〇〇덕후《ドクフ》と用いるなど、やはりウェブ文化に幅広く根づいている。

日本に住んでみたい

そんな韓国のオタク五人に、日本及び周辺国との関係などについて考えを聞いた。最初は高校生三人。一八歳のキム・ガンウ、そしていずれも一七歳のシン・スンチョル、チェ・ジュンウォンだ。まず海外文化全般への関心に占める日本の比重がどれくらいか、から尋ねてみた。

キム「一〇〇％（笑）。本当に好きでいつも気になっていて、住んでみたいと思うほどです」

シン「僕は半々、五〇％くらいかな。アニメ、漫画、音楽、それとＹｏｕＴｕｂｅストリーマーの人たちなんかに興味があります」

チェ「八〇％くらいでしょうか。僕は歴史が好きで、日本史にも興味があります。金閣寺、銀閣寺のような昔の建築にも関心があって……。ほかにも日本文化、それと日本人そのものなど、幅広い部分でたくさん関心を持っています」

韓国では二〇一〇年代後半、日本旅行がメディアでも大いに注目されている。こうした韓国社会全体の日本に対する関心について、どう認識しているのだろうか。

シン「周囲の人たちがどれだけ日本に関心があるかは分かりませんが、文化を知ろうとしたり、交流したりというより、ただ手頃な旅行先くらいに考えているんじゃないですか。国内はあちこち行ったから海外に行きたい、でもアメリカやヨーロッパは遠くて負担が大きい、といった時にちょうどいいんでしょう。食事も似ているところが多いですからね」

チェ「旅行は韓国の経済的な事情でしょう。五年前、一〇年前より収入に余裕ができましたから。あとは手近に行ける国のなかで日本が一番旅行先として成熟しているというか。それで軽い気持ちで出かけている……、そんな理由くらいしか思い浮かばないですね」

キム「アベノミクスのせいで円が下がったでしょう。それで行きやすくなりました。あと日本は韓国よりも見所が多いと思います」

一番口に合うのが日本料理

三人のうち二人は実際に日本へ行ったことがあるという。それぞれの海外渡航歴とその印象について尋ねてみた。

キム「日本へはもう五回行きました。ほかは台湾、イギリス、アメリカ……。台湾は韓国人を狙ったぼったくりが酷かったです。空気もよくありませんでした。代わりに食事代など物価が安く、それが印象的でしたね。イギリス、アメリカもあまりいい印象はありません。言葉も文化も違うし、料理も油っこくて口に合わなかった。でも日本は自分に合っていると思います」

チェ「海外は、小学校の時に団体旅行で台湾に行っただけです。やっぱりぼったくりが酷かった。街の雰囲気や人々の暮らしもよさそうに思えず……。食事も脂っこかったので、サンドイッチばかり食べていました」

シン「僕は日本に一度だけ。といっても小学生の時、両親や親戚と一緒にパッケージで対馬に行っただけですが。当時もソウルに住んでいたんですが、たまたま父親と親戚が釜山《プサン》にいて。それで一度行ってみようと、船に乗って出かけたんです。両親と親戚はお酒を飲んだりして満喫していましたが、僕は携帯をいじるくらいしか楽しみがありませんでした。神社とか史跡を回って説明を受けたりもしましたが、あまり覚えていません。ただ刺身やうどんを食べたんですが、それがとてもおいしかったことはよく覚えています」

日本アニメは理解、共感ができる

日本という国を最初に意識するようになったきっかけは、何だったのだろうか。

シン「幼稚園の時に『国カード』というのがあって、それで日本を最初に知りました。それから小学校に上がると漫画の『ＯＮＥ　ＰＩＥＣＥ』がすごく流行っていたんですが、韓国語版の新刊が出るのがゆっくりだったんです。それで続きが早く知りたくなって、日本語版を見るようになりました。本格的に日本を意識したのは、それが最初です」

キム「父が若い頃から日本好きだったので、自分も自然と関心を持つようになりました。実際に自分も見てみると、日本のコンテンツが面白かったので。それと安倍政権になってからだったかどうか、小学校である時期から下校時に『独島《トクト》ヌンウリタン（独島は我らが土地）』という歌を歌うようになったんです。僕はその歌が好きでよく歌っていました（笑）」

シン「うちはそういうのはなかったなあ。学校によって違うみたい」

チェ「僕はこれといったきっかけは別にありません。ただテレビを見ているとニュースで日本の話題が流れますよね。基本としてまずそういうのを見て知るようになります。ニュースではいい話と悪い話の両方があって、悪いほうが八割くらいかな？」

日本と接し始めた経緯はそれぞれだが、三人とも共通するのはアニメに対する強い愛着だ。

キム「幼稚園の時からもうアニメが好きで見ていましたね。小学生になってからリアルなビジュアルのアニメを見て、韓国で作っているようなほかの子供向け番組とは違うなと感じて。それから自分であれこれ探して見るようになりました。いま一番気に入っているアニメは『PSYCHO-PASS サイコパス』と『小林さんちのメイドラゴン』。一つはメッセージ性があるシリアスな作品で、もう一つはファンタジックな日常を描いているんですが、どちらも僕が好きなタイプの作品です」

シン「最初に見ていたのは『ONE PIECE』。それから『家庭教師ヒットマンREBORN!』

というのが始まり、日本アニメにハマって見始めました。小学生の数年間は見ていない時期もあったんですが、中学に上がる前後からもう一度ハマっていまに至っています。好きな作品は『Ａｎｇｅｌ　Ｂｅａｔｓ！』とか『四月は君の嘘』あたりですね。『Ａｎｇｅｌ　Ｂｅａｔｓ！』は小学生の時から見ています。『四月は君の嘘』は悩んだ時の希望や夢、人がだめになる時どうなるのかといったことが描かれていて、そのメッセージ性に共感しました」

チェ「僕はシリアスな作品が好きでよく見ています。気に入っているのは、二人も挙げていますが『ＰＳＹＣＨＯ-ＰＡＳＳ　サイコパス』と『Ａｎｇｅｌ　Ｂｅａｔｓ！』。『Ａｎｇｅｌ　Ｂｅａｔｓ！』は死後の世界を描いていて、感動的でした」

韓国でももちろんカートゥーンネットワーク、ニコロデオンといったチャンネルを通じて欧米のアニメが紹介されている。またピクサーはじめハリウッドのアニメ映画も人気だ。韓国から見れば日本アニメも同じ海外アニメのはずだが、受け止め方はかなり違うらしい。

チェ「欧米のアニメはよく知りません」

シン「ちょっとは見ますが……。アメリカのアニメは、独特の雰囲気や趣向が自分には合わないですね。だからあまり好きではありません。ピクサーの映画も短編を少し見る程度です」

キム「『スポンジ・ボブ』とかああいうのは、僕もよく分かりません。ストーリーの展開の仕方が肌になじまないというか……。見づらくて理解できる部分が少ないんです。それに比べて日本アニメは雰囲気やイメージが理解できて、共感できる。例えば桜の花びらが舞うといったシーンも、韓国に似た情景がありますから。近くにあってよく似た国同士だから、日本アニメのほうが共感しやすいんだと思います」

日本と対照的な対中感情

では東アジアのもう一つの隣国、中国についてはどんな印象を持っているのか。尋ねてみると、日本とは対照的にかなり否定的な答えが返ってきた。

キム「韓国にはどうすることもできない国です。観光も含めて、韓国が経済的にとても依存しているでしょう。それに指導部がとても賢くて、うまく手綱を握っている印象です。韓国は実際に経済制裁を受けて、どうすることもできなくなっているし」

シン「中国は、実はアメリカもですが、僕は好きではありません。特に中国は政治的にも歴史的にも、あまりいい国とはいえないと思います。彼らの態度や信念が自分に合わない、といえばいいでしょうか。自分たちを世界の中心という意味で中華と呼び、異民族には匈奴族なんて卑しい名前をつける、なんてことも僕には理解できません。自分たち以外はみんな下等だと見下しているようで。韓国に来る観光客も、裕福な人は特権意識を持っているというか……。中国はまた『東北工程』という歴史プロジェクトで、高句麗を自分たちの王朝だと言い出しましたよね。そんなふうに韓国の文化や歴史まで侵犯しているような気がします」

チエ「僕も中国はあまり好きではありません。ひと言でいえば、ちょっと卑劣な国という印象があります。小学校の時、先生が教えてくれたんですよ。中国は一見すると広大な国だけど、他民族を支配しているチベット、モンゴル、ウイグルを除くとそこまで大きくないと。それに貧富の差がすごく大きいという話も聞きました。下層の人たちは韓国からすると想像もつかない暮らしをしていて、市民意識も低いと……。そんなこともあって、僕は中国が嫌いです」

韓国のオタクに対する視線

韓国メディアでオタクと言う場合、ちょっと風変わりなマニアといったニュアンスで用いられることが多い。その意味では日本での用例と大差なく思えるが、オタクと呼ばれることで肩身の狭い思いをすることは意外に少なくないようだ。

チエ「僕が日本アニメを見始めたのは二人より遅くて、中学生から。最初、アニメというとちょっとよくないイメージを持っていたんですよ。『火星人ウィルス』というテレビ番組で変な人を紹介するコーナーがあるんですが、そこにアニメキャラの抱き枕と結婚するオタクが出てきたりして……。オタクという言葉が悪口になるくらい、一般的なイメージがよくありませんでした」

キム「日本で昔オタクが殺人を犯す事件があったでしょう。韓国でも何年か前に似たようなことがあって、テレビのニュースでもオタクといえば悪者扱いでした。いまはそこまでじゃないですが、以前は本当にそうだったんです」

シン「いまでも学校でアニメが好きだというと、陰でコソコソ言ったりする子もいます。まだ全般的にそんな風潮がある気がしますね。みんながそうではありませんが、やはりよくない目で見られるというのは残っています。だからアニメが好きなことを隠してる人も多いんです」

チェ「僕の学校はそこまでじゃなかったなあ。自分自身がよくないイメージを持ってたこともあり、自分もそう見られるのではないかと心配したりしましたけど。でも学校でも同じ趣味の子がいて、親しくつき合っていました」

キム「普通に子供が見るアニメは、だいたい八歳から一二歳くらいで卒業しますよね。例えば『ONE PIECE』や『NARUTO ナルト』は子供向け。それからもう少し大きくなって、よりオタク的なアニメにハマってオタクになるんです。いまは見ようと思えば好きなだけ見られる環境もありますから」

シン「でも映画館で見るアニメ映画はオタクじゃない人向け、という気がします。スタジオジブリとか、『君の名は。』とか、大ヒットするような作品は特に……。『君の名は。』は、うちの母親まで見に行っていました（笑）」

キム「『君の名は。』がオタク向けかそうじゃないかは、ちょっと微妙な気もするなあ……。でもジブリになると、オタクと呼ばれることもなくみんな普通に見に行きますよね。そうかと思うと、同じ劇場で見る映画でも『ラブライブ！』になると完全にオタク向け。『THE IDOLM@STER』なんかもそうでしょう」

シン「あそこまで行くともうオタクのイメージが強すぎて、アニメ好きな子の間でも抵抗を感じるという人がたくさんいます」

日本アニメと「右翼論争」

一九八〇〜九〇年代、韓国のオタクが日本アニメと接するメディアはもっぱら地上波テレビとレンタルビデオが中心だった。

例えば韓国でも一世を風靡したアニメ「美少女戦士セーラームーン」（一九九二〜九七年）は一九九四年に第一期がVHSで発売された後、一九九七年から翌年にかけて公営放送KBSで放送されている。同じく韓国で爆発的な人気を見せた「ポケットモンスター」（一九九七年〜〇二年）の放送が地上波キー局SBSで始まったのは、一九九九年。そのほか「ドラゴンボール」（一九八六〜八九年）も「セーラームーン」と同じくＶＨＳが先行発売された後、二〇〇〇年からＳＢＳで放送されて人気を集めた。

一方で一九九五年には、韓国で最初のアニメ専門ケーブルテレビチャンネル「トゥニバース（Tooniverse）」が開局。その後も二〇〇二年に「エニワン（Anione）」、二〇〇六年に「エニボックス（Anibox）」、二〇〇九年に「エニプラス（Aniplus）」とアニメ専門チャンネルの開局が相次ぎ、日本アニメとの接点がますます増えていった。今回のインタビューに登場する五人は、みなこのアニメ専門チャンネルを見て育った世代だ。

かつて日本の大衆文化を有害な「倭色」として排除に努めた韓国。日本大衆文化開放が一九九八年に始まった後も、その流入に危機感を募らせる風潮は残っていたようだ。

二〇〇七年には韓国の『毎日新聞』が「日本の右翼アニメ・漫画がインターネットを占領」とする記事を掲載（二〇〇七年九月六日付）。韓国の若いネットユーザを中心にカルト的な人気を博していたアニメ「コードギアス　反逆のルルーシュ」などを引き合いに出し、「日本の帝国主義に対する熱望を美化したり、日本を被害者として描く日本の漫画、アニメーションが青少年たちの間に深く根を下ろしている」と警鐘を鳴らした。「コード〜」は日本が強大国の植民地とされた架空世界を舞台に、シリアスな戦いを描く作品だ。

二〇一三年には漫画及びアニメが韓国で大ブレイクしていた「進撃の巨人」を巡り、「右翼論争」

が持ち上がっている。作者が過去に投稿したとされる日本統治時代の朝鮮に関するツイートが原因だ。取り立てて右翼的というほどの内容ではなかったものの、韓国メディアでは「極右」の烙印を押されて人気が失速したと報じられた。

「右翼アニメ」との向き合い方

同様の例はまだたくさんある。二〇一四年には「ＯＮＥ ＰＩＥＣＥ」を巡る「戦犯旗論争」が新聞沙汰になった。「戦犯旗」とは韓国でいう旭日旗の別名だ。

騒動の発端は同年七月、とある民間企業が主催する「ＯＮＥ ＰＩＥＣＥ」特別企画展が開催直前にキャンセルされたこと。理由は、展示スペースを貸し出す予定だった戦争記念館に「『ＯＮＥ ＰＩＥＣＥ』は戦犯旗が多数登場する」との情報提供があったためだ。

実際に作中で描かれているのは旭日旗でなく、それに似た放射線状の図象にすぎない。だが戦争記念館側は情報提供者の意図通り、展示スペースの貸し出しを中止。これに対して主催者側がソウル西部地方裁判所に提出した中止の無効を求める仮処分申請が認められ、特別企画展は二週間遅れで開催された。裁判所はその際、「『ＯＮＥ ＰＩＥＣＥ』が日本帝国主義を賛美する内容とは認められない」との判断を下したという。

ほかにも海上自衛隊が登場するアニメ映画「名探偵コナン 絶海の探偵」（二〇一三年）、零戦設計者の半生を描いた宮崎駿監督の「風立ちぬ」（同）、旧日本軍をモチーフにした「ケロロ軍曹」（二〇〇四～一一年）なども、賛否両論の「右翼論争」の的になってきた。韓国のオタクはこうした「論争」にどう向き合っているのだろうか。

キム「反応は二つですよ。見るか見ないか、それだけです。アニメの『シュタインズ・ゲート』も旭日旗が出たとか、言われてましたね。そんな話題になってきた作品はいろいろありました。韓国人は、やはり日本の右翼的なイメージが嫌いです。だから旭日旗が出るアニメは見ないという人は実際にいますが、それでも見るという人もいます。また日本アニメが全てそうというわけでなく、作品によっても違うでしょう。あるいは右翼的といわれる作品でも、気に入らない部分だけ飛ばして見ればいいのかも知れません」

シン「自分でちゃんとその意味を理解した上で見ればいいんじゃないでしょうか。気分が悪くなるという人もいますが、まず作品として見て、そのメッセージを判断すればいいと思います」

チェ「僕も自分で考えてどれを見るか選べばいいと思いますね。『進撃の巨人』も右翼だという話がたくさんあって、友だちのなかにもそれで見ないという人がいました。でも僕は別に右翼的だと思えなかったので、気にせずに見ていましたけど」

切り分けて考えたほうが「楽」

歴史問題とは一見無関係そうに見えるオタク文化。だが実際はかつて日本の大衆文化を「倭色」と警戒したように、しばしば人気作品を巡って「歴史歪曲」「旭日旗」「嫌韓」などの論争が繰り広げられてきた。日本が好きな韓国のオタク少年たちは、そうした歴史問題自体をどのように受け止めているのだろうか。

シン「例えば慰安婦問題を取り上げて話題にすること自体は、いいことだと思います。批判されるべきことは、批判されるべきでしょう。世論がこう考えている、というのを見せるのも意味があることだと思います。でも慰安婦問題は、僕らの側にとっても不都合な部分がある。というのはベトナムで慰安婦のようなことをして、まだちゃんと謝罪していないから。心が痛みますが、それを知っている人がまだ多くないのが残念です。といって僕自身、難しい問題だから避けているような部分もあって、深い話もできませんが……。被害を負ったのは自分たちだけじゃないのに、自分たちの国の過去を軽く見ている気がします。だからまず自分たちが変わらないと……。まず韓国がベトナムに謝罪するのが先で、それでこそ慰安婦問題も解決できるのではと思います」

チェ「僕はあまり慰安婦問題に関心がありません。特に深い関わりがあるわけではないので……。

僕がちょっと他人に共感するのが苦手というのもあるかも知れませんが。慰安婦は気の毒だと思いますけど、感情移入は難しいですね。それと日本に謝罪を要求するのはいいんですが、僕もやはりベトナムのことを考えるべきだと思います」

キム「日本について問題とされることがいろいろあって、テレビでもずっとそんな話をしていますが、それはあくまで政治的な部分での問題。日本自体に関する話はまた別でしょう」

チェ「そう考える人が多いと思います。その国で起こったこと、その国がやったこと、また政治をしていた人たちに怒りを向けるのが道理で、国民や文化にまで腹を立てるのはおかしいんじゃないでしょうか。またアニメなどを見る場合、これはこれ、それはそれと切り分けてしまうほうが楽だという部分もあるんでしょう。まともに考えようとしたら、複雑でとても時間のかかる話ですから。そんなことに神経を使わずに済むようにと、面倒なことから自分を守る防御システムというか……。ごまかしみたいですが、僕自身がそんなふうに接してきたように思います」

問題意識を失ってはいけない一線

韓国人の対日感情は、世代によっても大きく変わる。二〇世紀を知らない彼らだが、親、あるいは祖父母の世代が抱えている感情についても身近に認識しているようだ。

シン「日帝時代を体験した人たち、またその子供で朝鮮戦争やその後遺症で苦労してきた世代は、いまでも日本を嫌って憎んでいる傾向があります。でも若い人たちはそんな体験がないでしょう。日本を憎むような体験がなかった世代は、日本が昔過ちを犯したと言われても、自分で直接感じることができません。若い人ほどたくさん日本へ旅行に行くというのも、上の世代と考え方が違うからじゃないでしょうか」

チェ「僕の両親よりまだ上、祖父母の世代ですね。あの時代を体験した世代は、日本を怖がっていたり、嫌って排斥する感情がたくさん残っています。そうした感情はだんだん時間とともに薄れて、忘れられていくでしょう。でもここまでは忘れてはいけない、問題意識を失ってはいけないという最後の一線があるのではないかと思います。それが僕たちがずっと教えられてきた独島、慰安婦といった問題なんじゃないでしょうか」

日本の物価の安さに驚く

続いてもう二人の韓国人オタク、チョン・ワンギュとパク・ソンジェは、右の三人より三～四歳年上の一九九七年生まれ。二人ともやはり最も関心のある国として日本を挙げている。

取材時に二一歳だった二人は、ともに代替服務で兵役に就いていた。代替服務とは通常の陸海空軍や機動隊などへの入隊に代わり、企業や公的機関などで服務する制度のことだ。

二人はPCなどでプレイするオンラインゲーム「マインクラフト」を通じて知り合ったゲームオタク。日本でもオタク文化というとゲームが思い浮かぶが、韓国ではアニメや漫画に比べて日本製ゲームの存在感はかなり小さい。コンソール（ゲーム機）が二%、残りをPCとモバイルが分け合う韓国のゲーム市場は、自国のコンテンツが圧倒的に強いからだ。

チョン「日本のオンラインゲームというと、『ファイナルファンタジー』をやっている知り合いならいます。でも課金のシステムが韓国と違うので、僕はやりませんでした。あれは月額制でしょう。韓国はまず無料が前提で、アイテムごとにお金を払うのが普通ですから」

ゲーム以外の関心事は、二人それぞれ異なっている。

チョン「一〇年くらい前、小学生の時にネットコミュニティで日本のアニメに接するようになりました。子供向けアニメじゃなく、『涼宮ハルヒの憂鬱』とか『とある魔術の禁書目録』とか……。当時ネットにハマっていた子たちは、みんなそういうのに関心があったんじゃないでしょうか。いま好きで見ているのは『シュタインズ・ゲート』とか、『この素晴らしい世界に祝福を！』とかですね」

パク「僕はカラオケとか音楽かな。電子音楽からハマって、いまはアイドルなんかも聞きます。日本の音楽はあまり……。好きな曲は好き、という程度です。バンドがいいですね、日本のは」

チョンは一度日本へ遊びに行ったことがある。

チョン「同じオタク仲間の友だちと二人で東京へ行ったんです。秋葉原でフィギュアを探して、ゲームセンターへ行って、一日中遊びまわりました。海外旅行はそれが初めてだったんですが、日本は近いからいいですね」

行ってみて意外だったのは、物価が安かったことだ。

「韓国で外食したら一食一万五〇〇〇～二万ウォン（約一五〇〇～二〇〇〇円）、ソウルの繁華街だと三万ウォン（約三〇〇〇円）になることもありますが、東京だと八〇〇～九〇〇円も出せばそこそこ満足できるんです。なので、あちこちずいぶん食べ歩きをしました。韓国はとにかく、インフレがひどいんですよ。このままだと一食五万ウォン（約五〇〇〇円）くらいになるんじゃないか、というくらい」

パクはまだ海外へ行った経験がないが、日本旅行にはやはり関心があるようだ。

パク「大都会とものすごい田舎の両方に行って、人々がどんな日常生活を送っているか見てみたい。文化が違う外国ですから、その生活や行動様式に触れてみたいと思います」

ただ何となく同調して「日本が嫌い」

旅行情報はテレビにもあふれているが、二人が頼るのはネットのコミュニティだ。

チョン「行った人の旅行記を見たりします。次に行く時はここに行かなきゃとか、あれを食べようとか。個人的にはやはり秋葉原とかコミケとか、そういうオタク的な部分に関心がありますね。あとはパチンコもやってみたい（笑）」

七三ページから後述するような嫌韓感情が原因と疑われるトラブル、また嫌韓デモなどの情報もリアルタイムで共有されているが、チョンはあまり関心がないらしい。

チョン「ワサビ事件とかいろいろありますよね。でもまあ、そんなこともあるんだ、というくらい。そういうお店に行かなければいいので、ネットで情報を共有すればいい。それだけです。日本でやっているという嫌韓デモも、ネットコミュニティでよく見かけました。僕が行った時は、出くわしませんでしたけど」

逆に日本でしばしば話題になる韓国の反日デモについては、どう認識しているのだろう。

パク「嫌韓デモの韓国版？ ほとんどないんじゃないですか。太極旗を振り回して日章旗を破ったりするようなのは……。反日感情を持っている人はいますよ。でもだからって、日本人が嫌いというわけじゃない。慰安婦問題とかそういう問題に接して、ただ何となく日本が悪い、嫌いだと言っているだけ。周りがそういう感情を持っているから、ただ何となく自分も同調しているという人が多いんじゃないでしょうか」

チョン「日本でどんなデモが報じられているのかも、よく分かりません。いまでも朴槿恵《パククネ》支持者が街頭で太極旗を振り回したりしていますが、彼らも日本が嫌いでやってるわけじゃないし……。そういうのがニュースに出てるんじゃないですか？」

DCインサイドのサイバー攻撃

日本の嫌韓デモを煽っているのが、一部のネット空間にあふれる嫌韓言説だ。日本ではしばしば日本の嫌韓と韓国の反日が対称的な現象であるかのようにもいわれるが、少なくとも二人にそうした認識はない。

チョン「日本人が嫌いな人が集まるコミュニティ？　韓国にはないでしょう」

パク「見たことないですね。ネットのコミュニティには相当詳しいほうだと思いますが。光復節だか三一節だかに、DCインサイドのユーザが日本の2ちゃんねるをサイバー攻撃したことならありました。でもDCインサイドの人たちははっきりした目的があったからじゃなくて、たまたま記念日だから何かやろうというノリで盛り上がっただけで……。特に意味がなくても、何となく面白そうなことに乗ってくる人が多いですから、あそこは。DCインサイドには日本が好きな人が集まるギャラリーならありますが、反日ギャラリーなんてありませんよ」

DCインサイドは、一九九九年開設の巨大画像掲示板サイト。しばしば「韓国の2ちゃんねる（現

5ちゃんねる)」とも呼ばれ、韓国のネット文化の中心地として大きな影響力を振るい続けてきた。サイトは5ちゃんねるの「板」に相当する各テーマごとの「ギャラリー」群で構成され、そのなかに無数のスレッドがユーザによって作られている。

話に出た2ちゃんねる(当時)へのサイバー攻撃があったのは、二〇一〇年の三月一日前後。三月一日=三一節は一九一九年の大規模な独立運動を記念する韓国の祝日だ。攻撃の発端は、ロシアで殺害された韓国人留学生、またフィギュアスケート選手キム・ヨナへの中傷が2ちゃんねるに多数書き込まれたことだとされる。ちょうど日韓併合一〇〇周年の三一節が近かったこともあり、DCインサイドを中心に複数のネットコミュニティがDDoS攻撃(一斉アクセスでサーバに負荷をかける行為)を呼びかけ合った。当日は2ちゃんねるを構成する複数のサーバ全てがアクセス不能に陥るなどの被害が出ている。

「極右サイト」イルベと朴槿恵政権

このDCインサイドから派生する形で二〇一〇年に登場した画像掲示板が「日間ベスト貯蔵所」、略称「イルベ」。左派=進歩派を憎悪し攻撃する保守~極右性向のユーザが数々の事件や騒動を起こした悪名高いサイトだ。オンライン、オフラインを問わず地域差別、女性蔑視、セウォル号沈没事故や光州事件の犠牲者ら故人への誹謗中傷などを繰り広げ、メディアからネットのゴミだめのように扱われてきた。だが保守派が支持した朴槿恵大統領が二〇一六～一七年の崔順実《チェスンシル》ゲート事件で失脚したのに前後して、急速に勢いを失っている。

パク「以前は一番好きなコミュニティサイトでした。自分も保守的な考えを持っているので。サイトができた当初は純粋に議論するような、まともなコミュニティだったんです。ITのスキルが高くて頭がよく、真面目に暮らしている人が多く集まるような……。そうじゃない人も同じくらい、いるにはいましたが。いまはサイトがダメになったのであまり行かなくなりました」

チョン「僕は最近、DCインサイドの野球ギャラリーによくいます。野球ギャラリーといっても野球の話はほとんどなく、たまたま面白い人たちがそこへ移ったので、政治、経済、外交、フェミニズムとかいろんな話題で盛り上がっています。政治的な性向ですか？ 僕は保守なんですが、DCインサイド自体は最初進歩派が多かったのがある時期逆転しました。でもイルベができた時にまた保守派がそちらへ流れたりして、いまはどちらとも言えないですね」

「進歩派は日本が嫌い」

弾劾罷免を経て有罪判決を受けた後も、朴槿恵の支持者らは街頭で太極旗を振って文在寅《ムンジェイン》政権を

李承晩、朴正熙、朴槿恵の写真を掲げてパレードする保守団体。撮影時（2018年８月）すでに朴槿恵は有罪判決を受けて服役中だったが、車前面の垂れ幕には「朴槿恵大統領を即刻釈放せよ！」と書かれている

批判している。だが保守を標榜する二人は、もう朴槿恵に関心はないらしい。
チョン「支持者のデモですか。やっているのは昔から朴槿恵が好きだった老人でしょう。もう六〇～八〇代くらいの人たちですよ。若い保守の人たちは朴槿恵が好きというより、文在寅が嫌い。だから反対側を支持する、そんな感じです」
パク「若い人たちが文在寅を選んだのは、外見がよかったからじゃないか。そんな話をよくしています。それと朴槿恵が崔順実事件であああなったので、選択肢がほかになかった。前の政権がおかしなことをしたから、文在寅に入れるしかなかったんでしょう」
チョン「この前まで与党だった保守政党も、ハンナラ党、セヌリ党、自由韓国党と一年おきくらいに名前が変わっていますよね。以前は支持していましたが、どうせまた党内が割れてまとまらなくなるので、いまはもう誰も信じていません。前はこっちとあっち、どっちを選ぶかでしたが、いまはもうどこでも関係ない感じです」
進歩派、保守派はそれぞれ支持する外交政策でも隔たりがある。北朝鮮、中国、そして日本という隣国との関係は、若い二人にとっても他人ごとではない。
チョン「政策の幅がありすぎるんですよ。片方は北朝鮮を攻撃しよう、もう片方は助けよう、と。政権が変わるたびにこれがコロコロ入れ替わる。いまの文在寅政権は親北ですが、北との関係はあまり急ぎすぎないほうが、韓国にとってためになるのではと思います。いずれ統一はしなくてはいけない、とは思いますが」

パク「保守派はアメリカが好きで北朝鮮が嫌い。反対に進歩派は親北反米に加えて親中性向があって、さらにアメリカと同盟を結んでいる日本も好きではありません。文在寅政権も親北だけでなく、中国にも追従している。でも僕には中国は全く違う国に思えて、違和感があります。日本や台湾のほうが、韓国に近い気がしますね。中国人観光客がたくさん来ていた時、韓国がとても騒がしかった。いまTHAADミサイル問題の制裁で中国人が減って、むしろよかったと思います。経済的にはよくないんでしょうけど、少なくとも僕にとっては」

「最悪の関係」と裏腹な日本旅行ブーム

慰安婦問題、徴用工問題などを巡り、史上最悪とも評される日韓関係。

だがその最中も韓国の日本旅行熱は高まり続け、韓国人の七人に一人が訪日するに至っている。

歴史問題とレジャーの折り合いはどう認識されているのか、旅行情報誌編集長に聞いた。


インタビュー◉キム・ソヨン（仮名／女性／一九七七年生／出版社勤務）

訪日外国人の四人に一人が韓国人

日本のメディアで「かつてない日韓関係の悪化」が叫ばれて久しい。大きなきっかけは、二〇一二年八月の李明博《イミョンバク》大統領（当時）による竹島上陸、またそれに続く天皇の謝罪を求める発言だったとされる。続く朴槿恵《パククネ》政権でも状況は好転せず、二〇一八年の慰安婦財団解散、徴用工判決に至って「日韓関係は史上最悪」とも報じられる始末だ。

だがそうした最中にも韓国が日本旅行ブームで大いに賑わっていた事実は、日本でじゅうぶん知られていないかも知れない。日本を訪れる韓国人の数は、二〇〇五年の約一七四万七〇〇〇人から、二〇一七年には七一四万四三八人に急増。これは韓国人のおよそ七人に一人という法外な数字だ。二〇一七年の訪日外国人約二八六九万一〇〇〇人のうち約二五%、四人に一人を韓国人が占めている。

訪日韓国人の消費額は、二〇一七年の場合で約五一〇〇億円。人数の割に消費額が比較的少ないが、これはほかの国・地域に比べて滞在日数が短い上に若者層が突出して多いためだ。だがそれでも全体の一一・六%、主要な国・地域中で第三位を占めている（観光庁『訪日外国人消費動向調査（平成二九年版）』）。政界やメディアが「日韓関係の悪化」を強調する一方で、「アベノミクスで最も顕著な成果が上がった分野」（「アベノミクス5年と今後の政策課題」みずほ総合研究所）ともいわれるインバウンド消費の一定部分を、韓国人が支えているわけだ。

総人口の半数以上が海外へ出かける時代

こうした活況は、日本旅行に限った話ではない。この間の韓国では、海外旅行市場全体が著しい賑わいを呈している。

ＧＤＰ成長率はリーマンショックの影響で二〇〇九年に〇・七％まで落ち込んだものの、二〇一二年以後は順調に三％前後を維持。韓国ウォンの対ドルレートも同年以後、おおむねウォン高で推移している。景気回復にともなう所得増加に為替効果が加わり、海外旅行者数は二〇〇九年から一貫して伸び続けてきた。またＬＣＣの就航増、振り替え休日制の定着による連休の増加なども、活発な海外旅行を後押しする要因といわれている。

こうして海外旅行者が増え続けた結果、二〇一七年の海外出国者数は約二六四九万六〇〇〇人。総人口五一四二万三〇〇〇人の半数以上が海外へ出かけていくという、世界的にも異例の海外旅行ブームがもたらされた。

なかでも人気の目的地が日本だ。二〇一八年秋のホリデーシーズンの場合、地域別で最多は東南アジアの二八・八％だが、国別では日本が二五・五％でトップ。二位の中国は一八・三％だ。また同年六月にホテル予約サイトが発表したところでは、都市別で最も人気の高いベスト三を大阪、東京、福岡と日本の三都市が独占したという。

突出した伸びを示す日本旅行

反対に日本から韓国を訪れる旅行者の数は、二〇一二年の約三五一万九〇〇〇人をピークに急減している。二〇一二年は最初のK-POPブームが頂点に達し、二〇代の訪韓者数が急増した時期だ。また東日本大震災の影響で低迷した国内旅行需要の受け皿になった一面もある。そこから直近で最も減ったのは、二〇一五年の約一八三万八〇〇〇人だ。

ピークの半数近くまで下がった推移を見て、日韓関係の悪化が旅行需要に影響したと分析する報道も一部で見られる。だが実際は為替の影響が大きいと考えるほうが合理的だ。

七一ページの図に示した通り、訪韓日本人数は一貫して韓国ウォンの対円レートのおよそ一年遅れで上下が連動している。図中で最も少ない二〇一五年はまた、韓国で三八人の死者を出した感染症MERS（中東呼吸器症候群）が猛威を振るったことも思い出すべきだろう。

訪日韓国人数も同様に、基本的には為替と連動している。二〇〇六～二〇〇七年の円安期には訪韓日本人数を上回っているし、日韓関係が悪化したはずの二〇一二年から増加に転じたのも円安のおかげだろう。

だが二〇一三～二〇一四年に再び訪韓日本人数を抜いた後は、それまでにない右肩上がりの急上昇を見せている。韓国の総出国者数に占める訪日韓国人数は、二〇一三年が一六・五％に対して二〇一七年は二六・九％。同期間の増加率は総出国者数七八・五％に対して、訪日韓国人数は一九〇・七％に達する。海外旅行市場全体が拡大するなかでも、明らかに日本旅行が突出した伸びを見せているわけだ。

こうした日本旅行熱は、韓国国内に思いがけない余波を招いてもいる。かねてから根強かった和食人気がいっそう高まり、日本語の看板を掲げる日本料理店が急増しているのだ。

一貫して微増傾向にあった日本料理専門店の数は、二〇一四年の七七四〇軒から二〇一八年八月時点で二倍超の一万七二九〇軒に拡大（chosun.com 二〇一八年一一月一九日付）。ソウルを代表する繁華街の一つ弘大《ホンデ》前周辺では、日本料理専門店の日本語看板がずらりと並ぶ異様な光景が繰り広げられている。

「日本に対する距離が近くなった」

「韓国でいま一番人気がある日本の都市は大阪。次に福岡や東京が並んでいます。大阪の人気が特に高い理由ですか？　私が思うに次の三つじゃないでしょうか」

こう話すのは、一九七七年生まれのキム・ソヨン。ソウル旧市街の閑静な街並みにオフィスを構える出版社で、旅行専門誌の編集長を務める女性だ。キムが言う通り二〇一七年の訪日韓国人の都市別訪問率は、大阪三三・八％、福岡二三・五％、東京二一・四％となっている（観光庁『訪日外国人〜』）。

「一つは大阪へ入る安いＬＣＣが増えたこと。それで大阪行きの航空券がすごく安いんです。人が

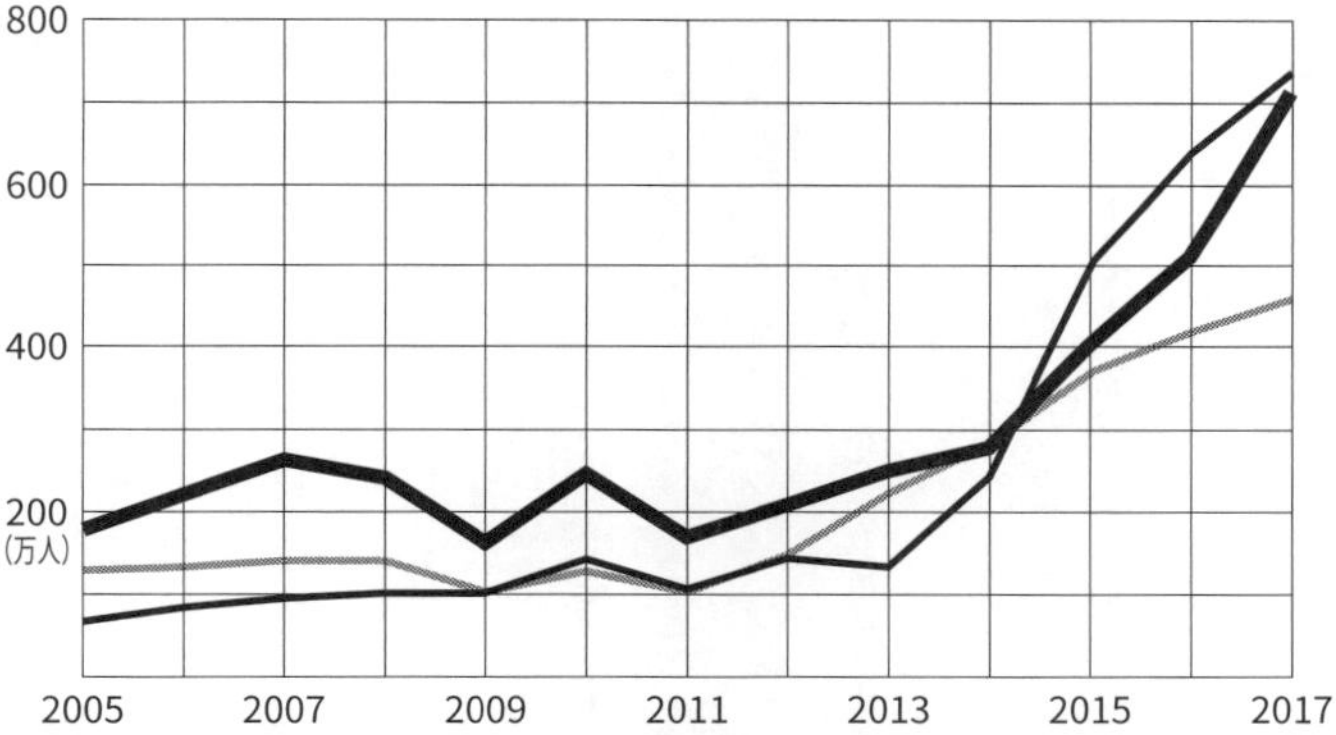

●国・地域別訪日外国人旅行者数（上位三位）の年次推移

韓国　中国　台湾

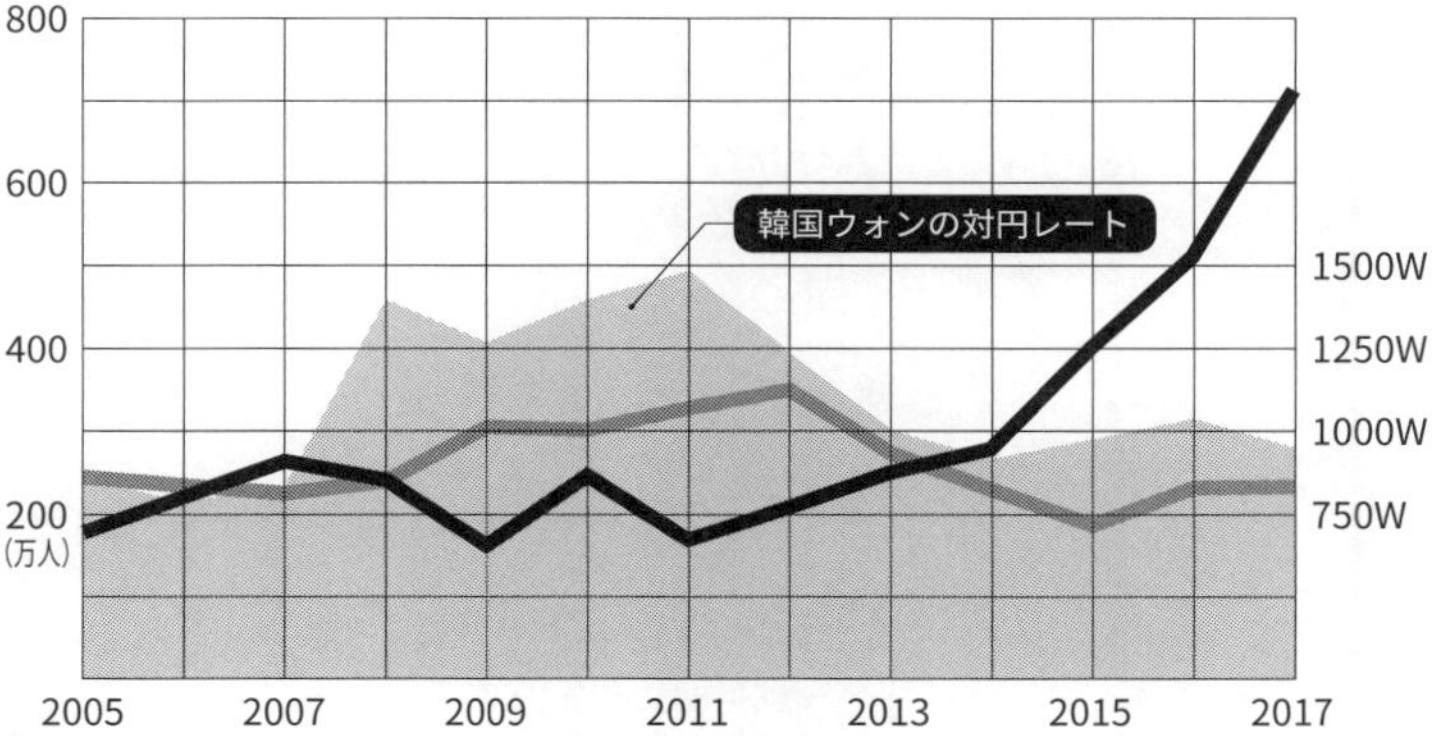

●日韓の相互訪問者数と韓国ウォンの対円レート（W / 100円）の年次推移

韓国→日本　日本→韓国

韓国文化体育観光部、韓国統計庁、日本政府観光局、観光庁のデータを元に作成増えればチケットが安くなるのは当然ですよね。大阪は特に可処分所得が相対的に少ない若者に人気がありますから、航空券の価格低下はとても大きな要因になっています」

「もう一つはテレビ。海外旅行番組、特に現地の食べ物を紹介するグルメ番組があるでしょう。それに大阪がよく出てくるんですよ。やはり若い人が好きそうな大阪のストリートグルメを盛んに紹介していたりして、その影響が大きいんだと思います。日本料理はだいたい何でも、韓国人の口に合いますからね」

「また大阪はUSJもあるし京都、奈良へのアクセスもよく、観光資源に恵まれています。若者が夜遊びするスポットにもこと欠かない。つまり若者が大好きなグルメも遊びも満足できて、なおかつ安く行ける。だから大阪に集中しているんです」

二〇代及びそれ以下の若者層が目立って増え出したのは、二〇一五年以降。続く三〇～四〇代層も堅調に伸び続けている。

「三〇～四〇代は男女問わず、結婚しない一人暮らしが増えているんですよ。若者に比べて収入に恵まれていて、子供を持たず、自由に余暇を楽しんでいる人たち……。実際に私の周りもたくさんいます。そういう人たちが日本を好む傾向があるようですね」

グルメ、街歩き、観光などと並んで、日本旅行の主要な目的に挙げられているのがショッピングだ。ただし以前と異なり、電気製品やブランド品の人気は低い。

「買い物で多いのはまず、ドラッグストアにあるような日用品ですね。若い女性には化粧品も人気です。それとまたみんなよく買っているのが、食料品。みんなよく塩辛や塩っぱい煮物などの調理品を圧縮包装して持って帰ってきたりしています。あとはソース、醤油などの調味料とか。そういう食材を買ってきて、韓国で日本食のホームパーティを開いたりするんですよ。お好み焼きとか簡単な鍋料理とかなら、それっぽく作れますからね。でなければ焼肉を日本の調味料で食べたりとか、いろんな楽しみ方をしています」

キムはこうしたことを総括して、「日本に対する距離が近くなった」という。それはもちろん両国民が心理的に近づいたという意味ではない。韓国側から見た物理的な近さ、また海外旅行に対する意識の問題だ。

「日本はいつでも好きな時に、国内旅行の延長で気軽に行ける場所。航空券が安くなって心理的なハードルが下がったことで、距離感が狭まった気がします。それでみんな海外だからと気負い込んだりもせず、ただ気楽に出かけているんじゃないでしょうか」

旅行者を巡るトラブルと嫌韓感情

ところがその大阪では、嫌韓感情が原因と疑われるトラブルないし犯罪に韓国人が巻き込まれる例がしばしば報告されている。

最初にメディアを賑わしたのは二〇一六年九月、繁華街ミナミの寿司チェーンでのこと。同店を訪れた韓国人や中国人旅行者の間から、大量のワサビを盛る嫌がらせを受けたという報告が相次いだ。同店舗を経営する食品会社は「サービスで提供した」と釈明しつつ、報告が事実だったことを認めている。

その翌月には家族と道頓堀を歩いていた一三歳の少年が、すれ違いざまに若い男に腹を蹴られる事件が発生。また二〇一八年三月には、日本在住の韓国人男性がコンビニで面識のない男に背中を刺された。被害者によれば犯人は自分が韓国人だと知らなかったとのことだが、韓国では嫌韓感情と結びつける報道が大勢を占めた。

「当然気分は悪いでしょう、そんなことをされたら。でもそれを理由に大阪へ人が行かなくなるとか、旅行先を考え直したりすることはあまりないと思います。嫌がらせをする店は情報を共有して避ければいい、そもそもそんなことをするのは、ごく一握りの人だ……と考えるのが一般的なのではないでしょうか」

実際に二〇一六年九〜一〇月以降も大阪を訪れる韓国人は増え続け、二〇一七年は通年で前年比四〇・三％という高い伸び率を示した。二〇一八年は後半から伸び率が前年割れするようになったが、これは韓国に限らず中国、台湾、香港など上位の国・地域に共通した傾向だ。

政治より費用が重要

当然ながら「日韓関係の悪化」をもたらしている歴史認識問題も、影響している様子は見られない。民間調査機関「韓国ギャラップ」によると、二〇一五年一二月の慰安婦合意を再交渉すべきという声は、二〇一六年一月の五八％から二〇一七年二月には七〇％に拡大。二〇一六年一二月に釜《プ》山《サン》の日本領事館前に建てられた新たな少女像を巡っても、両国の対立が先鋭化している。だがこの間も著しい勢いで訪日韓国人数が伸びたのは、すでに見た通りだ。

「みんな政治的な問題と自分が楽しむ旅行を一緒にして考えない、ということでしょう。日本は条件がいい旅行先だから行く、それだけです」

「韓国では国内旅行の代表的な目的地に済州島《チェジュド》がありますが、シーズンによっては日本のほうが安く行けるんですよ。それに済州島はホテルも食事も島内の物価がすごく高い。日本旅行全体で言えば、そうした費用面での優位性が一番大きいと思います。あとは為替、円安の影響ですね。一〇年ちょっと前に円が下がった時も、日本へ行く旅行者が急増したことがありました。いまはちょうど一〇〇円が一〇〇〇ウォンくらいでしょう。これが一三〇〇、一四〇〇ウォンくらいまで上がると、旅行者は確実に減るでしょうね」

日本製品に夢中だった時代

「最初は取材で長崎へ行きました。お祭りを見学したんですが、韓国と大きく異なる文化がこんなすぐ近くの国にあることにまず驚きました。あと印象的だったのは、食べ物がおいしかったことと、人が親切だったことです」

キム自身は二〇〇〇年代初頭から仕事で日本各地を飛び回っている。どこに何度訪れたか、とうに数え切れなくなったという。

「日本の印象は地方ごとに違いますね。私は北海道、本州、四国、九州、沖縄、屋久島まであちこち行っていますが、魅力はそれぞれだと思います。南北に長い日本は気候もさまざまですから。個人的に私が好きなのは九州、特に鹿児島。九州全体が静かで食べ物がおいしいというのもあるんですが、鹿児島は特に物価も安く、素朴で自然が豊かなところが気に入っています」

個人的な日本との関わりは、やはり子供時代まで遡る。学校での歴史教育、そしてアニメだ。

「アニメはたくさん見ました。周りもみんな、日本のアニメを見て育ったようなものです。もちろん別に、日本だからと意識していたことは全くありませんでしたが。好きだったのは『赤毛のアン』。実は去年、仕事で舞台のプリンスエドワード島に行ったんですよ。アニメに出てくるのと同じグリーンゲーブルスの家がテーマパークみたいに再現してあって、アンの部屋もありました」

「もう少し大きくなると、カセットプレイヤーやCDプレイヤーに夢中になりました。ソニー、パナソニック……、あの当時はどれも日本製ばかりでした。私が中学生、高校生の頃だから、いまから二五年くらい前ですね。みんな日本製品を買いたがり、持ちたがりました。でもいまの若い人は、日本の電子製品とか家電とか、どんなのが出ているかも知らないと思います」

まだ日本製品が人気だった当時、韓国国内ではその便乗商品、コピー製品も大量に作られていたのではないだろうか。

「それは私たちの親の世代のほうが顕著だと思います。日本製品に対する憧れは、私たちよりその世代がもっと強かったですから。日本製は本当にいいと言って、誰かが日本へ行くと炊飯器を買って帰ったり。そうした認識があるから、日本製に似せて作ったほうがよく売れたという事情があるのでしょう。でもいまは韓国でもいい製品が作れるので、そんな必要はもうありませんけど」

元慰安婦の名誉回復に努めるべき

日本全国を訪ね歩き、各地の事情に通じた〝知日派〟のキム。だが、やはり「政治的な問題」となると話は別だ。慰安婦問題や少女像について問うと、韓国のリベラル層に共通した見解が返ってきた。

「慰安婦問題はこれから外交的に解決されなくてはいけない問題ですし、私もそれを願っています。日本からきちんとした謝罪があってしかるべきだと、そうした考えも明確に持っています」

「少女像について、ですか？ 世界各地に建てられているのがやりすぎという声があるようですが、私はそうは思いません。ドイツのアウシュビッツ強制収容所は、同じ過ちを繰り返さないという決意の象徴として保存されているでしょう。慰安婦問題も韓国だけでなく世界全体の歴史として、記憶していくべきだと思います。それは韓国がかつてベトナムでやったことも同じです。韓国政府もきちんと謝罪、賠償すべきでしょう。同じように私たちもかつて慰安婦だった人たちの後裔として、その名誉回復に努めていくべきだと思います」

文在寅政権への期待

旅行やグルメ番組で日本がもてはやされる一方、ニュース媒体では歴史問題を巡って辛辣な日本批判が浴びせられることも多い。日本では一部で「韓国メディアが〝反日〟を煽っている」という報道も見られるが、キムは否定する。

「対日問題の報道が多すぎるとは思いません。例えば慰安婦問題はまだ解決していないのですから、より多くの人が認識するよう報道して周知に努めるのがマスコミの役目でしょう。それに国政を私物化していた朴槿恵は、お金をもらって慰安婦問題をなかったことにしようとする、おかしな大統領でした。慰安婦問題についても、反対に報道を控えるよう圧力が加えられていたかも知れません」

キムによれば崔順実《チェスンシル》ゲート事件で罷免された朴前大統領と異なり、文在寅《ムンジェイン》大統領は歴史問題を解決しようという強い意思を持った人物だという。その文政権下で見られた劇的な南北の急接近について、キムは次のように期待を寄せる。

「統一にともなうコストがよく問題視されますが、実際には分断を維持するために軍事費など厖大なコストを支払っている現状があります。その負担から解放された状態で、北の安い労働力を活用しながらともに発展していけば、韓国にとっても利益が大きいのではないでしょうか」

「またもう一つ、人口の問題もあります。大きな国として発展しようと思えば、人口が一億近く必要だという話がありますよね。韓国と北朝鮮の人口を合わせれば約八〇〇〇万人ですから、もし統一に成功すれば大国に近づくことができる。金正恩《キムジョンウン》もそうした期待があって韓国と手を結びたい、関係を改善したいと考えていたのではないかと思います」

「そうなれば、日本も大きくなった韓国といい関係を維持するために、歴史問題についてより真摯に向き合うようになるんじゃないでしょうか。でなければ、日本が東アジアで仲間外れになるのは避けられないかも知れません」

ホットドッグを買って見た日本アニメ

幼い頃によく見た日本アニメへの追憶からそのオモチャやグッズのコレクターとなり、アンティーク商に転業したシン。意図したわけではないものの、それまでの職歴でも日本とのつながりは何かと深い。そんなシンのこれまでと日本への考えを語ってもらった。

インタビュー◉シン・ドンホ（男性／一九七五年生／アンティーク商）

しばらく経てばいい方向に

「子供の時は、日本に対して否定的なイメージがありました。過去の歴史、侵略とか。そういう教育がありますからね。日本は何かあるたび謝っていると言いますが、真摯な謝罪とはほど遠い。いったいなぜそうなのか、そんなことをたくさん考えたりもしていました」

無店舗でアンティーク商を営むシン・ドンホは、一九七五年生まれ。日本側の謝罪が政治家らの〝妄言〟でリセットされることから浮上した〝本当の謝罪〟論は、一九九〇年代に入って慰安婦問題の広がりとともに韓国メディアに根づいた。当時一〇代後半だったシンにも、そんな報道が印象深く刻まれたようだ。そして現在の懸案について、次のように語る。

「韓国人が日本について否定的に考える要因は、いま大きく二つあると思います。一つは、戦犯問題。靖国神社に祀られている人のなかには、立派な日本人もたくさんいるでしょう。なぜそんな人たちと、戦争を起こした犯罪者たちが一緒に祀られているのか。神社なら日本にたくさんあるでしょうに。韓国には、戦死者や国に貢献した人を祀るための国立墓地があります。日本も誰かがそんなふうに立派な人たちと戦犯を分離すれば、むしろ英雄のように称賛を得られるのではと思うのですが……」

それともう一つが、慰安婦問題だ。

「何年か前、日本が元慰安婦のおばあさんたちにお金を払うという話があったでしょう。あの時、韓国人の反発がすごかったんです。ちゃんとした謝罪と賠償がなくてはいけないのに、政府同士がいくらで手を打ちましょう、申し訳ないという言葉もないまま、これでフタをしてしまいましょうと勝手に決めてしまう、そんなやり方でいいのかと……」

「私が思うにこれは金銭的な問題ではなく、まず首相なり立場の高い人が来て、きちんとしたお詫びをすればいいのではないかと。そしてそんなに大きな金額でなくてもかまわないので、所定の補償が行われたら、韓日関係がいい方向にいくのではないでしょうか。いまいる慰安婦のおばあさんたちも、多くは望んでいないのではと思います。一〇年もすれば多くが亡くなられるでしょう。その前にそんな謝罪があれば、両国の友情がいまよりずっと深まると思います」

「いまの若い人はアニメなどの文化や旅行を通じて、日本の文化にたくさん接しているじゃないですか。そこから日本に肯定的なイメージをたくさん持つようになるんです。まあもうしばらく経てば、いい方向へ向かっていくんじゃないでしょうか」

力の均衡と「固定間諜」

シンは既婚で中学生の子供が一人いる。実店舗を開きたいが、韓国の景気が悪いのでずっと二の足を踏んでいるという。その背景として、文在寅《ムンジェイン》政権の経済政策がうまくいっていないことを指摘する。

「この一年の成績がよくないんですよ、文在寅政権は。それは経済的なことだけでなく、外交もそうです。北朝鮮に対しても苦境を助けてあげようとしていますが、アメリカや日本が制裁を科しているなかでそんなことをすれば、友好国の信頼を失うんじゃないかと思います」

南北の統一については原則賛成ながら、リスクも強調する。また対日関係に及ぼす影響を懸念する見方もあるという。

「長期的に未来を考えた時、統一はすべきでしょう。少子化問題、国土面積、資源などメリットはありますし、同じ民族なのですから、統一には賛成です」

「でも韓国には統一に反対する人もいます。いまでも生活が大変なのに、これ以上負担を背負いこんでどうするのかと。また犯罪が増えることを懸念する人もいます。だからいままでのように別々でいたほうがいい、という意見ですね」

「また周辺国が反対するという人もいます。南北が一つになって自由主義陣営に入ると、中国やロシアが嫌がるかも知れません。それは日本だってそうです。統一後すぐは大変でしょうが、やがて南北が国土も人口も大きい強国になるかも知れない。これを周辺国が警戒すると言う人もいるんです。そんな状況でこちらも日本を敵対視していたら、ただ余計に負担が増すだけでしょう」

東アジアのなかで、ともにアメリカと軍事同盟を結ぶ日本と韓国。だがそれぞれの立ち位置から東アジアを眺めた時、その景色はがらりと変わって見える。そうしたなかで特に中道的傾向の強いシンは、〝バランス外交〟を重視する立場だ。

「韓国の右翼とか、あるいは年配の人たちは、日本と密接な関係を保つべきだと言っています。一方で若い層のなかには、中国とどんどん親しくつき合っていけばいいという人たちもいる。私はというと、やはり中国より日本のほうが韓国と近づける部分が多いと思いますね。共産主義国家の中国はロシア、北朝鮮の側で、韓国はアメリカ、日本の側という位置づけです。それなのに中国と接近すれば、アメリカ、日本との距離が開いてしまうでしょう。中国はまたＴＨＡＡＤミサイル問題で、韓国に対して制裁を科すなど強硬な姿勢でしたよね。韓国ではあれで中国に背を向けた人も多かったんですよ」

「国内外ともに、いまは力の均衡が成り立っています。それが崩れてどちらか一方にだけ偏るのはよくないと思います。それが左派の共産主義陣営であれ、右派の自由主義陣営であれ。いまの文在寅政権は左派ですよね。左派の人たちのなかには『固定間諜』といって、北朝鮮のために働く韓国側のスパイも紛れているようです。そんな人たちが自由主義陣営に背を向けるように煽って、韓国国内の分裂をより深刻にしているという部分もある。こうした問題もこれから解決していかなくてはいけないでしょうね」

ホットドッグを買って見た日本アニメ

出身地は韓国東北部、江原道《カンウォンド》太白市《テベクシ》。一家はシンが一一歳になるまでそこで暮らした後、ソウルへ上京したという。高原に位置する太白市は、一九七〇~八〇年代に炭鉱で賑わった町。一九八九年以後は廃鉱が相次ぎ、急激な人口流出と地域経済の低迷に見舞われた。

　太白市で過ごした子供時代、記憶に残っていることの一つが日本のアニメだ。

「太白市にいたのは小学校五年の時まで。当時は昔の日本時代の名残で、小学校を国民学校と呼んでいましたが。町には映画館もありましたけど、私の子供時代はもうビデオが主流でした。もっとも私の家はビデオデッキがなかったので、見る場所はもっぱら友だちの家や近所のお店。お店でホットドッグを一つ買うでしょう、するとアニメを録画したビデオを見せてくれるんですよ。日本にもそんな商売があったのかどうか知りませんが（笑）。子供時代はそうやってアニメを見て、プラモデルとかそのオモチャで遊んで過ごしました」

「ディズニーや『トムとジェリー』のようなアメリカのアニメも入ってきていましたが、テレビで見るのはほとんどが日本のアニメでした。ですから私たちの世代はみんな、日本のアニメを見ながら育ったんですよ。韓国で作られたアニメ映画もありましたが、多くは日本のアニメのキャラクターを使って継ぎはぎしたような内容でした」

　よく知られている通り、当時そのテレビアニメが日本製だと知っている人は少なかった。音声、テロップはもちろんキャラクター名なども口ーカライズされ、製作国も明記されないまま放送されていたたからだ。

「当時はみんな、あれが日本のアニメだとは思っていませんでした。大人になってから自然とそういう話が耳に入ってきて、『あ、これ日本製だったのか』と。そうした驚きを経て、日本への憧れを少し抱くようにもなったんです」

韓国製のアニメ映画の多くが継ぎはぎだったことを知ったのも、もちろん後になってからだ。

「韓国はどうしても日本の影響をたくさん受けやすいので、キャラクターも日本のものをモチーフにしたり、コピーしたりしている。そういうのを見るにつれ、元になっている日本のキャラクター文化に対する憧れも生じて……。ほかにも家電製品とか人々の秩序意識とか、いろいろ知っていくなかで、子供の時に持っていた悪いイメージが肯定的な方向へ変わっていったわけです。そこから日本で生活してみたい、何か商売をやってみたいと考えるようにもなりました」

日本アニメの追憶からアンティーク商に

いま手がけているアンティーク商も、実は日本アニメと深い関わりがある。

「中学校に上がってからは勉強が忙しくなるので、アニメやオモチャとも疎遠になりました。でも二〇代半ば頃からふと昔を思い出して、子供時代に見ていたアニメのオモチャなどを買い集めるようになったんです」

韓国は一九六五年の日韓基本条約で日本から得た総額八億ドルの援助資金を元手に、一九七〇〜

韓国で作られていた日本アニメのキャラクター玩具

八〇代の急速な経済成長を成し遂げた。やがて一九九〇年代末から二〇〇〇年代序盤に入ると、高度成長期を懐かしむ「レトロブーム」が起こる。ようやく急成長がひと息ついたところで、かつては目もくれなかった過去を懐かしむ余裕が生まれたわけだ。シンが昔のオモチャ類を収集し始めたのは、ちょうどそんな時期にあたる。

「当時はまだ街なかの文具店などの片隅で、古いオモチャが埃をかぶっていました。そうやって買い集めたコレクションがいまマニアにいい値段で売れることが分かり、売り買いしているうちにいろんなアンティークやビンテージグッズの商いが本業になったわけです」

それ以前の職歴でも、何かと日本との接点は尽きなかった。まず社会人になって最初に就いた仕事が、クワガタなど昆虫の展示販売。一九九〇年代中頃から手がけてきた友人に誘われたという。

「昆虫の業界も日本がずいぶん発達しているでしょう。だから当時は何度も日本へ行って、関連本やエサなどを買ってきました。それを元に自分たちで作ったりするわけです」

日本人の常連客

もっとも昆虫の事業は当初好調だったものの、人気が出るにつれ同業者が増えて競争が過熱。シンは二〇一〇年に仕事を辞め、新たにソウルのダウンタウン、永登浦《ヨンドゥンポ》でブタ焼き肉のフランチャイズ店を始める。

「飲食店をやるつもりは全くなかったんですけどね。焼き肉店は六年ほど続けたんですが、その間に日本人の常連客が二人いらしたんですよ」

常連客はいずれも四〇～五〇代ほどの男性。ビジネス目的でソウルへ通っており、シンの店にも定期的に顔を出すようになったという。

「日本語の勉強をしようと思ったこともあるのですが、結局できるのはごく簡単な会話だけで……。幸い相手も少しなら韓国語が分かるので、互いに短い会話だけでどうにかコミュニケーションを取っていました」

ほかにも日系のゲーム企業に勤める知人がおり、手伝ってやるからと日本での事業立ち上げを勧められることがあるという。

「いまやっているビンテージグッズ関連の商売でも、何か日本とうまく連携できればいいと考えています。まずは日本の中古品オークションに参加して、韓国で高く売れそうなものを安く仕入れるといったことですね。日本で生活したり事業したりというのはまだ実現していませんが、いずれはという気持ちはまだ持っているんですよ」

日韓が複雑に絡み合う追憶のアニメ

かつて「日本国籍」を伏せて放送されていた無数の日本アニメ。一方でその下請けには韓国のプロダクションが参加、また映画館では粗雑な日本アニメの剽窃が横行していた。韓国の国民感情も絡み合うアニメの世界は、複雑に入り混じった日韓関係の縮図だ。

「洪吉童」と「黄金バット」

韓国初の長編アニメ映画は、一九六七年一月公開の「洪吉童《ホンギルトン》」。朝鮮王朝時代の古典に由来する定番の活劇物だ。一秒二四コマのフルアニメーション、セリフを先に録音するプレスコなど、日本アニメではなくディズニーを意識した手法で作られている。

製作したのは世紀《セギ》商事。一九五七年からディズニー作品の輸入に携わり、上映のたびに大ヒットを飛ばしていた会社だ。「洪吉童」はそうして蓄えた巨額の資金を投じて製作された。国産初の長編アニメ映画ということも話題を呼び、「洪吉童」の興行は大成功したという。

韓国アニメ産業の黎明期となった一九六七年、七月にはテレビでも一つの転換があった。アニメ「黄金バット」(一九六七〜六八年)の放送が始まったことだ。

日本でその三カ月ほど前に始まった「黄金バット」が日韓合作の名の下に作られたことは、さほど知られていない。その経緯について、作画監督で一九一八年生まれの森川信英が二〇〇一年の講演で詳しく語っている。

日韓基本条約が締結された同年、文化交流の一環としてアニメを共同制作する話が持ち上がった。そこで韓国での現地指導役として白羽の矢が立ったのが、戦時中に満州映画協会で中国人にアニメ作りを教えた経験のある森川だ。

すでに自分のアニメスタジオを構えていた森川は逡巡の末、「敵対する異国の人同士が仲良くなれるのなら」(『妖怪人間べム大全』不知火プロ編/双葉社)と一九六五年に単身渡韓する。森川はそこで当時の人々の激しい反日感情を目のあたりにしたという。「戦時中に我々日本人が彼らに行った数々の残虐行為を考えれば、それはひどく当然のことなのですが、その憎悪の凄まじさは私の想像を越えていました」(同)。

共同制作の失敗と下請けの台頭

共同制作の相手は、一九六四年に開局した韓国初の商業テレビ放送局「東洋放送」（TBC）。森川は社屋一〇階のワンフロアを丸ごと与えられ、人材の養成に着手した。メディアを通じて公募したところ、八〇人の枠に九〇〇〇人の応募があったという。社会全体の反日感情はあったものの、選抜されたスタッフはみな森川の親身な指導に応えて熱心に訓練を重ねた。こうして日韓共同での制作体制が、徐々に整えられていく。

やがて日本の第一動画が企画制作、東洋放送が制作協力という形で「黄金バット」の制作が決まる。森川の講演によると作業の分担は、日本から「脚本や絵コンテ」を空輸、韓国で「中割、トレス、色づけ、背景」までを担当。これをまた日本へ空輸し、撮影などが行われたようだ。

「黄金バット」は大きな人気を博したものの、共同制作二作目として翌一九六八年から放送された「妖怪人間ベム」（一九六八〜六九年）は人気が低迷する。またセル画などの空輸の費用がかさむ上に紛失や没収などのトラブルも続発し、第一動画は東洋放送との提携解消を決定。森川は家族のように苦楽をともにした韓国人スタッフと涙で別れを告げ、後ろ髪を引かれる思いで日本へ帰国した。

一方で森川が韓国を去ったのと同じ一九六九年、アメリカ製アニメの彩色を請け負う下請け会社

上／1967年にテレビ放送された「黄金バット」は韓国で大人気を博し、翌1968年７月には映画館でフルカラー版が公開された（『京郷新聞』1968年７月８日付）

上／1967年１月に公開された韓国初の長編アニメーション映画「洪吉童」の広告（『京郷新聞』1967年１月28日付）

右／世紀商事が作った長編アニメ映画「怪獣大戦争」（1972年）のポスター

「国際アートプロダクション」が発足。森川の教え子も、一部がこれに合流している。また一九七〇年代に入ると、日本のアニメプロダクションからセル画の彩色など単純作業を請け負う下請け会社も続々と登場。こうしてコンテンツの制作から輸出入まで、日韓のアニメ産業が複雑に絡み合う構図が形作られていった。

日本アニメの「国籍問題」

森川の帰国と入れ替わるように、一九七〇年に「鉄腕アトム」(一九六三～六六年)、一九七一年に「鉄人28号」(一九六三～六六年)「リボンの騎士」(一九六七～六八年)「タイガーマスク」(一九六九～七一年)など、日本アニメの放送が次々と始まる。もっとも当時の韓国で日本アニメが放送される場合、登場人物名が現地風に翻案されるなどの「ローカライズ」が施された。二八ページで触れたように日本の大衆文化は「倭色」として排斥の対象とされたからだ。そのため視聴者は暗黙のうちに、それらのアニメを韓国製と認識していたといわれる。

またアメリカの配給会社を経由して日本アニメを購入することもしばしばあったらしい。そのせいか右に挙げた日本アニメも、『東亜日報』一九七一年九月一七日付記事で一部があたかもアメリカ製のように書かれていた。また一九七五年に韓国で放送が始まった「マジンガーZ」(一九七二～七四年）も、やはり当時の一部メディアでアメリカ製として紹介されている（『戦後韓国と日本文化「倭色」から「韓流」まで』金成玟《キムソンミン》著／岩波書店）。

とはいえ日本アニメの原産地は、さほど厳重に隠蔽されていたわけでもない。早くも一九七〇年には『東亜日報』が、国営放送（当時）ＫＢＳによる日本アニメ「悟空の大冒険」（一九六七年）の輸入をやり玉に挙げている。さらに時代が下るにつれ、アメリカを経由した日本アニメも「その『国籍』が新聞紙上で少しずつ暴露され」ていった（『戦後韓国と日本文化～』）。

「テコンＶ」の登場

一方で一九六七年に始まった韓国製アニメ映画は、ほどなく不遇を強いられる。「洪吉童」の大ヒットを受けて製作会社の世紀商事は、急ピッチでアニメ映画の量産を開始。同年一二月には早くも長編「孫悟空」を公開している。だが「国産アニメ」というだけで客が呼べた時代は、すぐ終わった。配給が増える海外アニメに比べ、技術的な見劣りが明らかだったからだ。

当初は古典や国内のマンガを土台としていた韓国アニメ映画。だが粗製濫造にともない、海外作品の安易な剽窃＝パクリが横行し始める。

そのさきがけは、世紀商事が一九七一年に公開した「稲妻アトム」。前述の通り「鉄腕アトム」は、公開前年からテレビで人気を集めていた。キャラクターこそ似ていないが、コンセプトの多くは共通している。また世紀商事が作った最後のアニメ映画「怪獣大戦争」（一九七二年）は、日本の怪獣物や特撮ヒーロー物を寄せ集めたような内容だ。

世紀商事の撤退で、韓国アニメはしばらく空白が続く。そんな状況を一変させたのが、一九七六年七月公開の巨大ロボット物「ロボットテコンV」。「マジンガーZ」によく似た巨大ロボットが、テコンドーをモチーフにしたアクションで戦う内容だ。この映画は記録的な観客数を動員し、主題歌のレコードや文具など関連業界も大いに潤した。

ヒットの大きな要因の一つは、前年から大人気を博していた「マジンガーZ」のテレビ放送。テレビがまだ白黒だった当時、「テコンV」は「マジンガーZ」的な映像を大画面かつフルカラーで見られる映画だったわけだ。

「テコンV」を生み出したのは、一九四一年生まれのキム・チョンギ監督。マンガ家出身の彼も、森川信英の下で「黄金バット」の制作に携わった一人とされている。

粗雑な剽窃アニメの時代

「テコンV」公開の一九七六年から一九八六年まで、韓国ではアニメ映画の大量生産が続く。この

童心에 日本色汚染

KBS TV 日製만화放映

國營放送에 放映중인 日製만화영화「손오공」。

外貨낭비、輸入금지 無色

民放에도 導入구실 터줘

上左／「童心に日本色汚染」の見出しで日本アニメ「悟空の大冒険」放送に疑念を呈する記事。「黄金バット」「妖怪人間ベム」が日韓合作だったことにも否定的に触れている（『東亜日報』1970年４月22日付）　上右／「鉄人007」公開時の広告（『京郷新聞』1976年12月９日付）　右／2007年に「ロボットテコンV」リマスター版が公開された際のポスター

一一年間に作られた長編アニメ映画は、確認できただけで約七〇本。キム・チョンギは毎年のように「テコンV」の続編を作り続け、SFから歴史劇まで含めて計二〇超本のアニメ映画を手がけた。約七〇本の多くはSFアクションだ。韓国オリジナルの企画も少なくなかったが、日本アニメなどの粗雑な剽窃もまた多かった。「テコンV」から五カ月後に公開された「鉄人007」(一九七六年)は、その分かりやすい例だ。

「007」といってもスパイとは関係なく、「科学忍者隊ガッチャマン」(一九七二～七四年)そっくりな五人組と博士が「大空魔竜ガイキング」(一九七六～七七年)そっくりな巨大ロボットで戦う内容。ピンク・フロイドやアイザック・ヘイズの曲が無断でサントラに使われ、チープな映像の割に音楽だけ豪華な作品となっている。これが同じ一九七六年一二月に公開された「テコンV」第二弾を観客数で上回ったというから、作り手は笑いが止まらなかっただろう。

アニメ映画時代の終わり

キム・チョンギも当時、多くの剽窃アニメを作っている。「機動戦士ガンダム」(一九七九～八〇年)「超時空要塞マクロス」(一九八二～八三年)などを寄せ集めた「スペースガンダムV」(一九八三年)、テレビで人気だったアメリカドラマ「ワンダーウーマン」(一九七五～七九年)そっくりのキャラクターが主人公の「飛べワンダー姫」(一九七八年)などがそうだ。

彼と同じく森川信英の門下だったイム・ジョンギュもこの時期、「電子人間337」(一九七七年)「テコン童子マルチアラチ」(同)などを監督している。ただしイム・ジョンギュは、さほど露骨な剽窃には手を染めなかったようだ。キム・チョンギ自身も剽窃は本意でなかったらしく、自ら創作したキャラクター、野生児トリを主人公にした一連のシリーズも映画化している。だが刺激的な剽窃アニメの売り上げには、とうてい敵わなかった。

一九八〇年代に入ってテレビのカラー化、ビデオデッキやCATVの普及にともない、韓国産のアニメ映画は次第に飽きられる。そもそも実写映画より制作費がかさむため、儲からないとなると各社は一斉に手を引いた。

幕引きとなった最末期の作品は、一九八六年一二月公開の「カクシタル」。内容は、軍事政権下でおなじみのジャンルだった反共プロパガンダ物だ。粗製濫造の時代、北朝鮮を敵に見立てた巨大ロボット物やファタジー物のアニメ映画も少なからず作られていた。実写映画と違って政府の支援があったわけではないようだが、小学校が団体鑑賞券を買ってくれたらしい。

アニメ映画の粗製乱造が終わった翌年、一九八七年にはようやく韓国で制作されたテレビアニメの時代が始まる。公営放送KBSで放送された「赤ちゃん恐竜ドゥリ」「さすらいのカチ」「童話の国ABC」などがそうだ。『韓国TVアニメーションの歴史』(ファン・ソンギル著/コミュニケーションブックス）によると、その制作には日本でアニメ制作に携わっていたスタッフ、また日本アニメの下請け会社などが関わっていたという。

一九八〇～九〇年代の「黒歴史」

アニメ映画の制作が途絶えた後も、キム・チョンギは巨大ロボット物に取り組み続けた。人間は実写で巨大ロボットが登場するシーンだけアニメ、という手法で制作費の問題をクリアしたのだ。こうして一九八六年、半分実写で半分アニメの「宇宙から来たウレメ」が公開される。「ウレメ」はコメディ仕立てのＳＦヒーロー物。頭の弱い青年ヒョンネが「エスパーマン」に変身し、変形メカ「ウレメ」とともに戦う内容だ。人気コメディアンのシム・ヒョンネが主役を演じ、子供たちを大いに喜ばせた。「ウレメ」は一九九三年までにシリーズ計九作が作られている。ただし最後の二作は劇場公開されず、ビデオテープのみのリリースだ。

「ウレメ」のヒットはまた「銀河から来た流星童子」（一九八七年）「宇宙人コブラ」「ロボットスターチャンガ」（一九八八年）など、実写とアニメ混ぜこぜでお笑い路線のＳＦヒーロー物という数々の便乗作品を生み出した。キム・チョンギは同じ手法の「ロボットテコンＶ90」（一九九〇年）で、「テコンＶ」の部分実写化を果たしている。

ただしこの一連の作品は、韓国の熱心なオタクからも「黒歴史」として扱われることが多い。あまりにチープで雑な映像と演出が、良心的な視聴者には直視に堪えないレベルだからだ。

また当時の「黒歴史」の極めつけとして、一部のマニアから「韓国実写版」と呼ばれる一連の映像作品がある。これは主に日本アニメを無許可で実写化した映画ないしビデオのことだ。その早い例の一つに、一九八一年の映画「キャンディキャンディ」がある。韓国ではマンガ版「キャンディキャンディ」の海賊版が早くから人気を集め、それを追いかけるように一九七七年からアニメ版が放送された。そうした人気に便乗した実写版が、夏休みの子供向け映画として作られたわけだ。

その後ホームビデオ全盛の一九九〇年代に入り、「ドラゴンボール」(一九八六~八九年)「炎の闘球児 ドッジ弾平」(一九九一~九二年)「北斗の拳」(一九八四~八七年)「シティーハンター」(一九八七~八八年)「鉄拳チンミ」(一九八八年)などが次々と無許可で実写化された。いずれも劇場用ではなくビデオのみが販売されたようだ。一部は香港映画ばりのアクションが目を引いたりもするが、極限までコストを切り詰めた映像は見ていて痛々しい。

コンテンツに投資をしない? 韓国の実情

だがこうした何でもありの時代も、アジア通貨危機にともなう一九九〇年代後半の大不況ととももに終わった。韓国では一九九〇年代から政府によるコンテンツ産業への支援が始まり、一九九八年からの金大中《キムデジュン》政権下でいっそう加速。一九九〇年代後半から中国語圏、東南アジア、そして二〇〇〇年代に日本でテレビドラマの輸出が成功を収めたのは、その成果ともいえる。アニメも同様に政府の支援で振興が図られ、大人〜青少年向けの意欲的な映画がいくつか作られた。だが全般的に興行は振るわず、業界は児童〜幼児向けの3Dアニメ制作にシフトしていく。

そんな自国のアニメ業界を日本と比較しながら批判するのは、三〇代後半アルバイト男性のN氏。ソウル生まれのソウル育ち、自他ともに認めるコアなアニメオタクだ。

「コンテンツだけでなくフィギュアのようなグッズも、日本は大人が見て耐えられるようちゃんと作ってある。韓国はそういう発想がないんです。だからいつまで経っても子供向け。それと投資もしない。韓国にも絵をうまく描くアーティストはいますよ。でも投資をしないから、うまい人は海外に出ていってしまったりする。日本は漫画でもアニメでも、ストーリーからちゃんと作れる作家が育っているでしょう」

「最近は韓国も経済的に余裕があるので、コンテンツ産業にもたくさん投資しているように見えます。でも実際には、すぐお金になりそうなことにしか投資していません。だからいつまで経っても日本の漫画やアニメに追いつけない。私はそんなふうに考えます」

「テコンV」は「マジンガーZ」のパクリか

一方で「テコンＶ」は、一時代を作った韓国製アニメの代表的キャラクターとして語り継がれてきた。二〇〇七年にはデジタルリマスター版が上映され、七二万人の観客を集めている。また島根県による二〇〇五年の「竹島の日」制定を発端に活発化した「独島《トクト》守護運動」では、あたかも「テコンＶ」が「独島」の守護神のようなキャラクターとしてキャンペーンに用いられた。

その一方で絶えないのが、「マジンガーＺ」の剽窃という非難だ。二〇一三年には、「独島にテコンＶの造形物を立てる」というプロジェクトのクラウドファンディングが立ち上がった。だが「日本アニメの剽窃キャラクターは独島に相応しくない」との批判がネットで殺到し、プロジェクトは中断に追い込まれている。

「テコンＶ」は「マジンガーＺ」のパクリなのか。映画公開から四二年目の二〇一八年七月、韓国の裁判所がこの問題に判断を下した。

発端は、「テコンＶ」の著作権を保有する企業「ロボットテコンＶ」が玩具類の輸入業者を訴えた裁判だ。「ロボットテコンＶ」はこの業者が「テコンＶ」と類似した玩具を販売し、著作権を侵害されたと主張。これに対して業者は「『テコンＶ』は日本の『マジンガーＺ』や『グレートマジンガー』

を模倣したもので、著作権法で保護された創作物ではない」と反論していた。

これに対して裁判所は次のような判断を示したという。「『テコンV』は登録された著作物であり、『マジンガーZ』や『グレートマジンガー』とは外見上明らかな違いを見せている」「『マジンガーZ』などと区別される独立した著作物ないし、それを変形、脚色した二次的著作物に該当すると見るべきだ」(『東亜日報』二〇一八年七月三一日付)。

『ハンギョレ新聞』(二〇一八年八月一日付)によるとメディアは「模倣の汚名を注いだ」の論調で判決に好意的だったようだ。だがネットでは「明らかにパクリなのにおかしい」との批判が噴き出したという。「独島」の守護神にも祭り上げられる「テコンV」だが、若いオタク層の見る目は冷ややかなようだ。

第二章 嫌悪とシンパシー

韓国の「自分探し」

韓国の若者が限られたメディアを通じて日本文化に熱中する一方、日本からは連日無数の「買春ツアー」客が押し寄せていた一九八〇年代。その当時から日本のラジオ放送に親しみ、現在は日本に生活の拠点を置く大学教員が、韓国の市民運動や歴史問題の深層を掘り起こす。

インタビュー◉イ・ジョンソク（仮名／男性／一九六七年生／大学教員）

「妓生観光」とタバコの香り

ソウル旧市街の中心部から少し南へ下ったあたりに、梨泰院《イテウォン》という歓楽街がある。真偽の怪しい俗説によれば、朝鮮出兵の際に日本兵がここの尼寺にいた尼僧らを孕ませ、一帯が「異胎院《イテウォン》」と呼ばれるようになったのが地名の由来とも伝えられている。

日本統治時代には近くの龍山《ヨンサン》に日本軍の駐屯地が作られ、梨泰院には日本人専用居住地が作られた。戦後になって日本軍が去った跡が米軍の駐屯地となり、梨泰院は米兵向けのエキゾチックな歓楽街として発展する。やがて一九七〇年代からは、「妓生《キーセン》観光」と呼ばれる買春ツアーで訪れた日本人観光客らでも賑わうようになった。

現在日本の大学で教壇に立つイ・ジョンソクは、ソウル生まれのソウル育ち。大学生だった一九八〇年代、イもしばしば梨泰院のディスコへ遊びに出かけていた。

「店内にボックス席があって、たまにそこで飲んでいました。で、ふと隣のテーブルを見るでしょう。音楽で話し声は聞こえないんですが、漂ってくるタバコの香りが違う。それで、あ、日本人がいるな、と分かるんです」

「妓生観光」は、早い時期から女性運動家を中心とする韓国社会の反発を招いている。そして一九八〇年代後半になると、「妓生観光」への批判から女性問題というフレームを通した慰安婦問題の「再発見」に至る――という流れは、一七七ページからまた後述しよう。

足繁く通った明洞の書店

イによると当時のマスメディアは政府に統制され、日本に関する情報が入ってきにくい状況だった。人の交流も少なく、あるとすれば在日韓国人が一時帰国するくらいだったという。

「ほかは駐在員が地方の工業団地にいたりとか、それくらいでした。彼らの現地妻の話もよく聞きましたよ。五月の決まった時期、いま思えばゴールデンウィークですが、よく日本人観光客が明洞《ミョンドン》（ソウルの繁華街）をウロウロしているのも見ました。でも別に接点もなく、ただ通り過ぎるだけで……。一般の人にとって日本は漠然としたイメージはあるものの実感がなく、距離感でいえばフィンランドくらい離れた別世界という感じだったと思います。やっと少しオープンになったのは、盧泰愚《ノテウ》政権（一九八八～九三年）の時代からでした。それまでの韓国はいま考えられている以上に、閉鎖的な世界だったんですよ」

そうしたなかで多くの若者が輸入雑誌を扱う書店に群がり、乏しい日本の情報を貪欲に消費していたのは前述の通りだ。イもそこにいた大勢の若者の一人だった。

「小さい時はテレビで『鉄腕アトム』の韓国版を見ていました。最初に見たカラーのアニメは、『ロボットテコンV』でしたけど。明洞にあった日本雑誌を売る書店は、僕もよく行きましたよ。書店があった場所の向かいにいま中国大使館があるんですが、あれは当時まだ台湾大使館でした。一九九二年に韓国が中国と国交を樹立した時、台湾と断交して大使館も取り上げてしまったんです。おかげで台湾では、ずいぶん嫌韓感情が根づくことになりました」

「その台湾大使館の隣に華僑の子が通う小学校があって、向かいに台湾の新聞社があって。そうしたエリアのなかに、小さな書店が何軒か並んでいたわけです。なぜあの一角にだけ日本の雑誌を売るお店が集まっていたのか、もしかしたら何か事情があって見て見ぬふりをされていたのかも知れませんね」

ソウルで聞いた「オールナイトニッポン」

釜山《プサン》など韓国の南岸地域で、早くから九州のラジオやテレビの電波が届いていたことはよく知られている。だがイによると、ソウルでも日本の中波ラジオを受信できる時があったという。

「なぜかニッポン放送が聞けたんですよ。ただし夏の時期だけだったと思います。当時の韓国はまだ『MBC大学歌謡祭』というのが人気で、グループサウンズが流行っていた時期。バンドをやっていた人たちは、みんなラジオで日本の音楽をコピーしていたそうです」

「日本語は高校の第二外国語からずっとやっていたので、少しですが言っていることは分かりました。私がよく聞いていた番組は、『オールナイトニッポン』。何度も繰り返すので、ハガキの宛先がいまも耳に残っています。デーモン閣下がパーソナリティをしていた時もありましたよね。当時録音したカセットテープが、まだ実家に残っていますよ」

イがニッポン放送を聞き出した頃は、アイドル全盛時代。イは「角川映画真っ盛りの頃」と記憶している。

「好きだったアイドルは薬師丸ひろ子。ああいうタイプは韓国にはいないんですよ。本名は全部漢字で芸名は『ひろ』だけひらがな、なんていうことも覚えています（笑）。『オールナイトニッポン』に出た時も聞いていて、素朴に受け答えしていたのが印象的でした」

「デビューは確か、映画の『野生の証明』（一九七八年）でしたっけ。それは見られませんでしたが、『Wの悲劇』（一九八四年）は見ました。場所は、ソウルの鍾路《チョンノ》にあった日本文化院です。その日本文化院から少し歩くとパゴダ公園（現タプコル公園）というのがあって、日本語の達者なお年寄りが集まって日本人に論戦を吹っかけようと待ち構えている。ソウルというのは本当に特異な地域だと思います」

「純粋なシンパシーを利用する人たち」

韓国では保守＝右派と進歩＝左派を、それぞれ「制度圏」と「運動圏」の二つに位置づけることもある。「制度圏」とは、体制側の既得権層。「運動圏」は、非体制側で社会変革のための運動を追求する市民や学生層のことだ。

イももちろんアイドルにだけ明け暮れていたわけではなく、大学では多分にもれず学生運動に参加した。だが現在のイがこの「運動圏」を見る視線は複雑なようだ。

「慰安婦でも徴用工でも、もちろん純粋にシンパシーを感じて応援している人はいるでしょう。私もカミングアウトした慰安婦のおばあさんたちには共感しますよ。また二〇一四年にセウォル号が沈没して多くの子供を含む三〇〇人近くが死んだ時も、ソウルの中心部で政府批判のデモがありましたよね。私もあの事件は大いに憤慨すべきだと考えています」

「だけどそれだけだと、運動を維持できないと思う。民族性と言ってしまうと何ですが、理想だけではなかなか続かないんですよ。そこには純粋なシンパシーを取り込んでうまく利用し、当事者たちの取り巻きとなって動かしていく勢力がある。例えば慰安婦像が海外へ広がっていった動きも、すごく組織的な展開だと思います。アメリカの場合は在米韓国人、特にベトナム戦争直後くらいの世代の人が多いですが、そうした人たちの組織、ネットワークが動員されていました」

その「勢力」とは具体的にどういう人たちで、何を目指しているのだろうか。

「簡単に言えば、何らかの政治的な目的を追求したい人たちでしょう。政界に影響力を持ちたいとか、支持基盤を広げたいとか。その目標を突きつめると、私たちが学生運動をしていた時のような『反帝国主義』とか『民衆による革命』とかになると思う。彼らは純粋なナショナリスト、民族主義者なんです。だから民族の分断を何とかしたい。そこから北に対してシンパシーを持っている人たちでもあります」

「南北が団結するのを阻害しているのは、韓国に駐留しているアメリカ。またその根本の原因を作った南北共通の仇は、日本。そのアメリカと日本を排斥して、同じ民族同士が団結してうまくやっていこう。そうした考えがあるので、彼らはアメリカと日本を徹底して悪者にしたいんです」

「二〇〇二年に韓国の女子中学生二人が米軍の装甲車にひかれて亡くなった時も、抗議行動がものすごかったでしょう。ああいう運動も、盛り上げているのはこの界隈の人たちだと思います。そして二〇〇八年の狂牛病騒動、二〇一四年のセウォル号事故、あるいは二〇一六年の朴槿恵《パククネ》退陣要求デモのように、純粋に賛同した普通の市民がろうそくを持って集まって来る。さっきも言ったようにセウォル号事故は確かに重大で追及されるべきですが、責任を全部朴槿恵に負わせて政権を転覆させるような問題ではなかった。でもそれをある勢力の人たちが純粋な市民のシンパシーを駆り立てることで、あそこまでの運動に発展するんです」

黙認されていた人々

一七三ページから後述する『帝国の慰安婦　植民地支配と記憶の闘い』（朴裕河著／朝日新聞出版）を巡る訴訟及びその判決についても、やはりイは否定的だ。

「読みました？　あの程度の記述で、あんなことになるんですね。もはや学者の存在すら認めていない。あれはさすがに驚きました」

「慰安婦に関して言えば、問題が浮上したのが一九八〇年代の終わり頃だったでしょうか。私はその当時の社会事情にふたをしたまま慰安婦に同情することにも、ちょっと違和感を感じます」

イは大学時代、日本人観光客の妓生パーティを見たことがある。通訳のアルバイトをしていた恋人がそこに同席することになり、頼まれてついて行ったそうだ。場所は現在も各国からの観光客で賑わうソウルの観光地、仁寺洞《インサドン》だった。

「その時、私は日本人に対する反感というのはありませんでした。妓生とはそういうものだと思っていましたから。これは朝鮮王朝時代からずっとそうだったんですが、中央政府の官僚が地方へ視察に行くとするでしょう。すると各地の地方官吏が妓生を動員して、接待するわけです。こうした習慣、伝統は根深く、私が学生の頃も普通に残っていました。主な宿場町にはそんな妓生たちがいたんです。少なくとも一九八〇年代くらいまでは。そのほか人身売買とか、身売りのようなこともまだ横行していた時代でした」

「売春をする女性たちに対する視線も、当時は違っていました。いまなら借金で仕方なくという事情もあったりするにせよ、結局は自分の意思でやっていることでしょう。でも昔は儒教的な道徳のせいで、一度汚れてしまった女性はもう普通の生活に戻れないという社会通念があった。そうした女性たちが社会に受け入れられず、売春婦となるしかなかったわけです」

この時代の売春婦を主人公にした韓国映画に、一九七五年公開の「ヨンジャの全盛時代」がある。レイプと事故を経て片腕の売春婦となった女性ヨンジャが、ラストで自分に思いを寄せる青年の前から姿を消してしまうという筋書きだ。

「ヨンジャもちゃんとした人生を送っちゃいけない人間、ということなんです。映画はそうした社会を告発する意図があったのかも知れませんが。つまり韓国では、こうした一連の文化が最近まで受け継がれてきた歴史がある。それを棚に上げて、慰安婦問題をあそこまで非難できるのだろうか。当時みんなあれを黙認していたはずなんです。なのにああいったアンダーグラウンドで生きてきた人たちの歴史を、なかったことにしていいのか、と。もちろん慰安婦問題には私もシンパシーを感じますが、こう考えると複雑な気持ちになります」

「紅白歌合戦」を見に集まった老人

鍾路の日本文化院に通っていた学生時代、イはこんな光景も目にしている。

「日本文化院でＮＨＫの『紅白歌合戦』を上映するというので、見に行ったんです。そうしたら、おじいさんおばあさんがいっぱい集まっている。当時まだ戦後四〇年くらいですから、みんな日本時代を知っている世代です。その彼らが日本の歌を聞くのを楽しみに、日本文化院までやって来て

熱狂의「섹스觀光」에 얻은 새別名

日本人은 好色動物

訪韓觀光客중 70%가 日男性

“마치 戰時決死隊…러시아워꼴”

기생파티에 군침…批判일어

妓生観光を巡り、「エコノミックアニマル」（経済動物）に引っかけて日本人男性を「好色動物」と非難する記事。「熱狂の『セックス観光』からついた別名」「妓生パーティによだれ……批判起きる」などの見出しも見える（『東亜日報』1973年７月10日付）

韓国では1970年代に入って外国人観光客が急増。一方で現地紙は、名所旧跡などの観光より遊興に偏重していると問題提起している（『京郷新聞』1975年11月６日付）

서기1975년11월6일 (목요일)

외국인의 韓國관광

遊興편중

관광객의 行態조사로 본 問題點

리포트

慶州行 24%…名勝地 외면

“즐겨찾는곳 料亭”…32%로 으뜸

日人 70%…거의 「入國 까다롭다」

いるんですよ」

老人たちがリアルタイムの流行歌や歌手を知っていることはなかっただろう。それでも日本文化院に集まったのは、日本語、ないし日本的な情緒や文化を懐かしむためだ。

「韓国でも植民地化によって近代化がもたらされたという『植民地近代化論』があり、一方でこれとは反対にもともと自発的な近代化の萌芽があった、またそれを日本が阻害したという『自生的近代化論』ないし『内在的発展論』という考え方が拮抗しています。でもこれは、どちらが正しいというように決着をつけられる問題ではないでしょう。いずれにせよ韓国の近代化があったのは日本時代のことであり、その前は貧しいチマチョゴリの時代だった。その記憶を消し去ろうとしても、なかったことにはできません」

「朴正熙《パクチョンヒ》は確かに強硬派だし、ベトナム戦争に国民を送り出してお金を稼いできたともいわれます。でも一方では、人々が食べていけなかったところへご飯を与えてくれた立派な政治家でもあった。その朴正熙が田舎教師に安住せず上を目指そうとしたのは、やはり日本の教育があったからです。あの時代を否定するのは別にかまいません。でもその前にまず直視して、あの時代は何だったのかちゃんと理解しておくべきなんじゃないか。にもかかわらず立派な朝鮮総督府の建物をぶっ壊し、残骸を博物館で見世物にしたりして、終わったことにしている。それが韓国という国なんです。でもそんなことであの時代が決してなかったことにはなりません」

自分探しが延々と続く国

日本による植民地支配の象徴でもあった旧朝鮮総督府庁舎は、一九二六年竣工。ソウル旧市街の中心部、朝鮮王朝の正宮だった景福宮《キョンボックン》の正門をくぐった鼻先に建てられていた。

戦後は政府庁舎、国立中央博物館として利用されていたが、金泳三《キムヨンサム》政権時代の一九九三年に取り壊しが決定。目的は「民族の誇りと精気を取り戻すため」だ。ただし負の歴史遺産として保存すべきという声も根強く、世論調査で取り壊しに賛成したのは半数を辛うじて上回る程度だった。

「総督府庁舎だけでなく、戦争が終わって日本人が去った後には、工場設備とかさまざまな資産がそっくり残されていました。それをちゃっかりいただいて、おいしい思いをした人もたくさんいたわけです」

「そうかと思えば建国の父とされる李承晩《イスンマン》は、日本と戦わないまま政権の座に就いたという負い目、コンプレックスがずっと残っている。その一方で自分は『親日派』、日本時代の対日協力者を政権の要職に就かせ、やはりおいしい思いをさせた。そんな自国の歴史の内側を見たらたくさんボロが出るから、人々の目を外に向けさせようとする。朝鮮戦争で焼け野原にしたのは自分たちなのに、それも植民地支配に責任転化したり……。あるいは戦争が終わって六〇年も経ってから事後的に法律を作り、見せしめに『親日派』やその子孫の財産を没収するというのも、ナンセンスの極みでしょう。そんなことをしながら日本時代の記憶が塗り替えられ、別のものになっていったのではないかと思います」

「前に見たテレビである日本人の論者が、『韓国はまだ革命中の国だ』と言っていました。私はその論者が好きではないのですが（笑）、表現そのものはあたっているかも知れないと思います。言い方を変えると、韓国は自分探しが延々と続く国。でも求めているような自分は見つからない、ということに早く気がついたほうがいい。また日本との関係にしても、隣国だからいがみ合うのはある程度しょうがないでしょう。でもやっぱり韓国はもう少し自分自身をよく分かったほうがいいし、そうあってほしいと思っています」

日本へ渡った若者たち

世界でもとりわけ留学に熱心な国の一つが韓国だ。日本へもこれまで多くの若者が知識や技術を求めてやって来ている。一九九〇年代の留学以来日本に根を下ろして暮らす女性に、幼い頃からの日本との関わりや日韓関係の展望などについて聞いた。

インタビュー◉ハン・ジウン（仮名／女性／一九六九年生／旅行会社経営）

世界で有数の留学が盛んな国

アメリカ国立科学財団によると、二〇一七年にアメリカの大学に在籍している留学生のうち最も多いのが中国人の一四万九五〇人。そして二万八八五〇人で二位が、ほかでもない韓国人だ。

韓国は中国、インド、サウジアラビアなどとともに、世界的に留学が盛んな国として知られている。そんな韓国人留学生に人気を博してきた留学先の一つが、隣国の日本だ。

日本学生支援機構によると、二〇一七年時点で日本に来ている韓国人留学生は一万五七四〇人。二〇一〇年の二万二〇二人をピークに八割弱まで減少したのは、翌年の東日本大震災と福島第一原子力発電所事故が主な背景といわれる。ただしおおむね同時期から韓国人留学生が減っているのは、アメリカやカナダも同様だ。

二〇〇八年から二〇一七年の統計を見ると、韓国人の留学先は二〇一五年までアメリカがトップ。だが翌二〇一六年から中国が逆転して一位となっている。日本はずっとこの二国に次いで三位だったが、やはり二〇一六年からオーストラリアに抜かれて四位に転落した。

日本に来る留学生数で見ると、韓国は二〇一三年までずっと中国に次いで二位を占めてきた。だが二〇一四年にベトナム、二〇一五年にネパールに抜かれ、以後四位が続く。留学生全体に占める割合は、一九九八年の二二・三%から二〇一七年には五・九%に縮小。これは他国の伸びに追い越されているだけともいえるが、やはり存在感の低下は否めない。

留学生が膨れ上がった一九九〇年代

東京で旅行会社を営むハン・ジウンが初めて日本へ留学したのは、一九九四年のことだ。

同年の韓国人留学生数は、約一〇万六〇〇〇人。当時は急速なグローバリゼーションの波に乗って留学生数が急増していた時期にあたり、一九九〇年の約五万四〇〇〇人から一九九六年には約二・五倍の約一三万三〇〇〇人に膨れ上がっている。

「社会人になった頃から、日本語の個人教室に通っていました。日本語を選んだのは、特別な理由があったわけじゃありません。誰でもそれくらいの年齢になったら、将来のために何かを習おうとするのがあたり前なんです。私は英語も習っていたんですが、結局長続きしたのが日本語でした」

当時勤めていたのは、大きなＩＴ企業。日本企業とも取引があったため、日本語をやっておけばいずれ役に立つだろうとの算段もあった。また勤務先では福利厚生としてさまざまな講座を設けており、そのなかに日本の生け花もあったという。

「私も好奇心から、週一回そこで生け花を習っていました。とにかく何でも勉強してみようと、貪欲になっていた時期でしたから。先生は、日本人から習ったという韓国人のおばあさん。やはりその先生も日本語が堪能な方でした」

一人一人が強い危機感を持っている

ハンはほどなく日本へ渡り、語学学校へ入学。だがそこでの成果に満足できず、改めて翻訳や通訳の専門学校に入り直して日本語を学んだ。ちょうどこの時期に知り合った日本人男性と結婚し、日本で定住することに。それから数年の旅行会社勤務を経て、起業に踏み切る。

「国家試験を受けて、旅行業務に必要な資格を全部取って、旅行会社を立ち上げました。早いうちに自分のものを形作っておかないと、若いうちはよくても将来がないと思いましたから。最初は日本社会に入っていくのにとても苦労しました。でも一度、二度利用してもらって信頼関係ができると、ずっと応援してくださる。そんなお客様がたくさんいらっしゃるので、ありがたく感じています」

最近になって飲食店を開き、昼夜兼用で仕事に精を出している。思い切りのよさとバイタリティは個人の資質のようでもありながら、多くの韓国人に共通する国民性のようにも思える。

「韓国人はアクティブ？　私にはむしろ日本人が大人しいように思えます（笑）。お店に韓国人のお客様が来られるのですが、話を聞いているとみんな決断力があって判断が早い。それは生き残るため、勝ち組になるために必要なことなんです」

「留学が多いこともそうです。韓国人は決めるのが早いから気軽にすぐ海外へ出ていくようなイメージもあるようですが、そうではありません。日本人は留学しなくても、教育も仕事も国内で何とかなってしまうでしょう。でも狭くて人も多い韓国は、高いスペックを身につけないと就職できないという強い危機感がある。だからやらざるを得ないんです。そのまま韓国にいて大学を出ても、日本語も英語も身につかず、卒業証書一枚しか残らない。それでは生き残れない、とにかく何とか

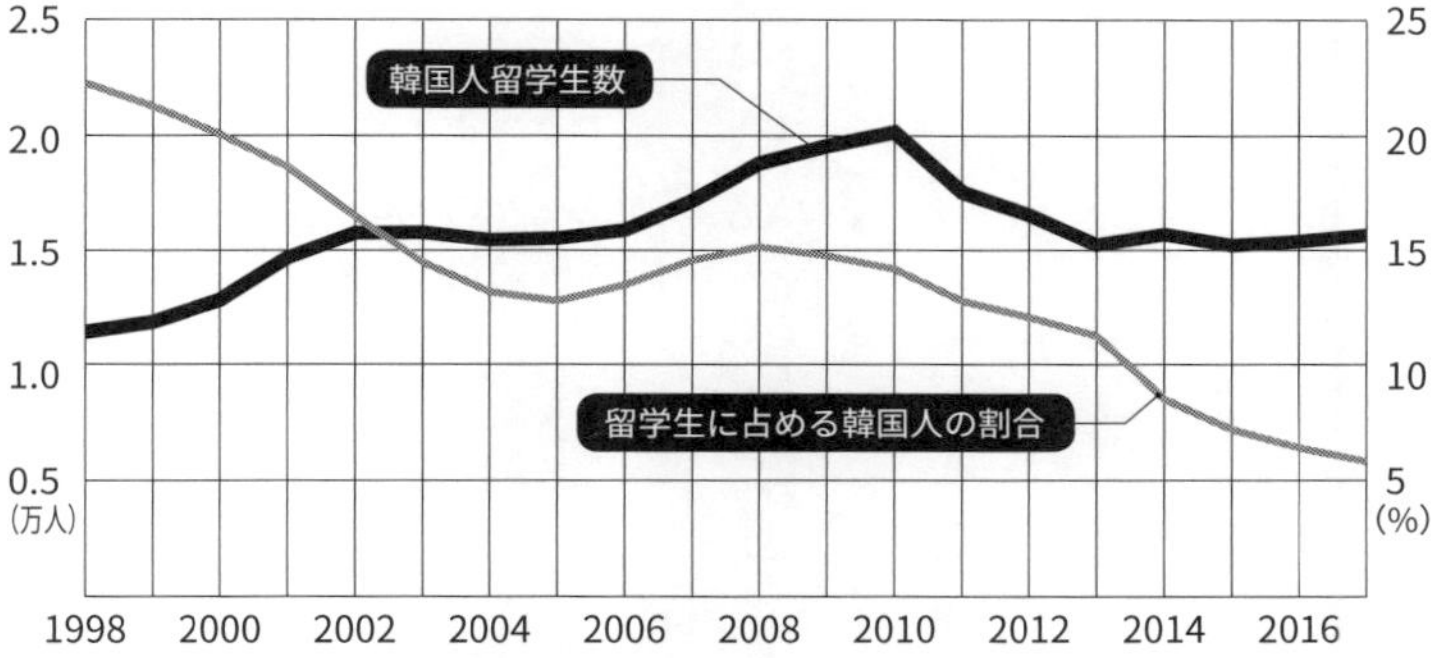

●日本を訪れる韓国人留学生の動向

日本学生支援機構、文部科学省の資料を元に作成

生け花は戦後も根強く愛された日本文化の一つ。右は「韓国情緒の涵養と、市中に氾濫する倭色の濃い生け花を止揚する」ことを目的に開かれた「固有美を追求する初の生け花展」の告知記事（『東亜日報』1963年１月12日付）。遅くとも1980年代には日本との交流展も開かれていた

固有美찾는

첫 꽃꽂이展

韓國的情緒를指向

30餘人士가野心作出品

しなくちゃいけない、という強い危機感を、一人一人が持っているんです」

友だちに借りた日本製のボールペン

子供時代を過ごした一九七〇年代、日本についてはまず学校の歴史の時間に植民地支配などを学んだ。ただし実感を持って日本を意識したのは、全く別の部分だ。

「メイドインジャパンはとても品質が優れている、そういう話を聞いていました。そうしたら友だちが日本製のボールペンを持っていて、私も書かせてもらったんです。それがすごくいいもののように思えた記憶があります。あとはもう一つ、日本の女性に対するイメージもありました。かわいい人形のような着物姿で、すごくていねいにおもてなしするような……。こうしたイメージが、日本を意識した最初の体験だったように思います」

ハンは大人になってから、そうしたイメージを裏切らない出会いを経験する。

「ボールペンのような体験はありましたが、その後は取り立てて日本に関心を持つこともありませんでした。やがて歴史に興味を持って本をよく読むようになり、日本が韓国でやったことも改めて知りました。ただそれは知識として持っているだけで、韓国で実際に日本人と出会った時、拒否反応も何もなく普通に仲よくなれたんです」

日本人を紹介してくれたのは、日本語の個人教室の先生。先生は日本に留学経験があり、その時の知り合いが訪韓した際、自分の生徒たちに引き合わせたわけだ。

「やさしくていい雰囲気の女性でした。ちょうど子供の時に抱いていた日本女性そのままのイメージの人で……。私はまだ基礎を習ったばっかりでそんなに深い話もできませんでしたが、ただ一緒に食事をしたりと、楽しく過ごしたのを覚えています」

キムチが食べられなくなった

だが日本人との出会いは、そうしたいい思い出ばかりではなかった。留学時代、韓国人ということで日本人から罵声を浴びせられたことがあるという。

「二〇〇一年のW杯とか韓流ブームが始まる以前、いまとは本当に雰囲気が違ったんです。一九九〇年代半ばから後半頃、コンビニのアルバイトも外国人というだけで応募を断られました。なので焼肉屋さんくらいしか雇ってくれるところがなかったんです」

「それである日働いていたら、二〇代後半くらいの若者のグループが飲み会をやっていたんですが、その一人が絡んでくるんです。『竹島は日本のものだ』と。それで『韓国人は韓国のものだと思っていますよ』と言ったら、『日本から出ていけ、国に帰れ』と。当時はそんなことが一度や二度ではありませんでした。またある時は日本人のお客から『キムチ臭い』と言われたこともあります。当時まだ若かった私は、それから五年くらいキムチが食べられなくなりました」

「日本に来て四〜五年くらいは、こうしたことがたまにありました。でもこれはあくまで差別を感じた例としてお話ししているだけで、日本で体験したことの全てではありません。いい人との出会いもありましたし、いいこともたくさん経験しています」

ハンは一連の体験を一九九〇年代の昔話として語る。ただし一方で「日本から出ていけ」式の定型句は、最近になってまた日本のあちこちで見聞きされるようにも見受けられる。

「民主主義だからいろんな考え方があっていいと思います。むしろそれは必要なことでしょう。でも自分の考えと違うから出ていけというのは、その人が孤立するだけです。鎖国していたような時代ならともかく、いまはグローバライズされた社会ですから。また自分の考え方だけが正しいと思うのは、ナチズムとかファシズムを連想して恐ろしい気がしますね」

日本にいい国になってほしい

「韓国が歴史問題か何かで日本に執着しているように見えるとしたら、それは政治とメディアのせいだと思います。特に若い層にとって歴史問題は子供の頃に教科書で習った話にすぎないし、さほど関心もありません」

「もちろんそこを突き詰めて言えば、こんな考えもあります。被害を与えた加害者は、一度謝ればそれで済んだ気になれますよね。でも取り返しのつかない傷を負った被害者の側は、トラウマのように一生背負いながら生きていくのが普通でしょう」

「でもそれが歴史問題として騒がれる時、私は政治家たちが自分に都合よく利用している部分があるのではないかと思います。対立を煽って国民を結束させるのは、自分たちの支持率を上げるのに役立つでしょうから。こうした意味で私は、韓国の政治家も日本の政治家も両方問題があると思っています」

政治的にはいまの文在寅《ムンジェイン》政権を支持している。対北政策、さらに統一についても楽観的な立場だ。「統一コスト」は将来の軍事費など「分断コスト」がなくなることで相殺されるほか、資源や人口問題での恩恵があるのではないかという。

「北朝鮮には地下資源がたくさんあるでしょう。また統一すれば釜山《プサン》からヨーロッパまで鉄道でつながるので、物流コストも安くなるんじゃないでしょうか。それに北朝鮮のインフラ建設も必要ですから、建設業界も潤うのではないかと思います。そのほか観光開発もできますしね」

「さらに韓国は日本と同様、人口問題を抱えています。私の時代は小学校一クラス六〇～七〇人くらいいました。それがいまでは三〇人程度。韓国もこれから労働人口の減少など、難しい問題に直面していくことになります。でも北朝鮮と一つになれば、労働人口が増えるというメリットがある。やはり国が大きく成長していくには、人口が必要だと思うんです」

もっとも文在寅政権の政策に不安がないわけではない。

「文政権は、不動産価格を安定させるために取引を抑制するような対策を次々に行っています。でもこれが日本のバブル崩壊のような事態を招くのでは、とも懸念されているんです」

すでに初渡日から四半世紀近く、日本に根を下ろして人生の半分近くを過ごしてきたハン。国に帰る考えはないというが、一方で日本の将来にも不安を感じることがあるという。

「人口問題もそうですし、ＧＤＰ成長率の低迷で先行きに不透明感があります。私の周囲でも二〇二〇年の東京五輪の後どうなるか、不安に感じている人たちはいます」

「でも私は日本人の友だちもたくさんいるし、このまま日本で骨を埋めるつもりです。ですから日本には少しでもいい国になってほしいと思います」

消費される日本と歴史問題

公企業で日本とも関わりの深い業務を担当する四〇代女性、イ・スミン。日本アニメ「赤毛のアン」に夢中だったという子供時代の体験から現在の歴史認識問題まで、平均的な韓国女性の一人として率直な対日観を語ってもらった。

インタビュー◉イ・スミン（仮名／女性／一九七六年生／公企業勤務）

韓国企業の海外進出を支援

イ・スミンは一九七六年生まれ。韓国企業の海外進出を支援する公企業に勤めている。韓国の中小企業、あるいは韓国文化の海外流通網、流通チャンネルの開拓を支援するのが仕事だ。

「マーケティングや販路の構築に苦労している企業がたくさんあるので、その商品を海外に知らせる手助けをするような仕事です。日本でも楽天とかドン・キホーテといった販売網があるでしょう。そうしたところのバイヤーとの間を取り持ったりもします」

輸出先は中国、日本、シンガポールなど、アジアが中心。ただし東南アジアはまだこれからだという。そのほかアメリカにもアマゾンを通じて商品を供給している。扱っている商品は、生活消費財や食品など。海外では特に韓国の化粧品が人気だそうだ。

「日本は一次ベンダー、二次ベンダーと卸の中間業者が多く、こちらが希望する小売に商品を供給する上での難しさがあります。一方中国はオンライン販売のカスタマーサービスがすごく発達していて、その業務への対応が大きな課題になっています」

教科書から学んだ歴史

日本とも関わりの深い業務を担当しているイだが、対日意識はやはり多面的だ。

「日本の政治家や右翼がやっていることに対して、嫌悪する感情は確かにあります。別にいつもそんなことを深く考えているわけではありませんが……。でも独島《トクト》問題、歴史認識問題、旭日旗の問題などで日本がやっていること、そのほか安倍首相がやっているようなことを見て、あれは間違っている、日本は歴史を正確に認識する必要があると、こんな思いははっきりとあります」

こうした認識の出発点は、学校で受けた教育だという。

「学校で韓国史を習うと、植民地時代の話が当然出てくるでしょう。そこから高校の時、日本や近隣国の歴史に関心を持つようになって、大学に入ってからは日本語を学んでみたりもしました。大学ではまた日本が韓国に対してとても大きな過ちを犯した歴史も学んで……。ですから当時は日本という国に対しては、いい感情を持っていませんでした。もっともそれは実際に日本へ行ってみたこともなく、日本人と会って対話したりしたこともはなかった時期の話です。社会人になってからは実際に日本を訪れ、また日本人の友だちもできて、また違った認識が深まっていきました」

〝蛮行〟と自負心

淡々と語る口調は穏やかだが、デリケートな歴史問題、領土問題などに話題が及ぶと、心なしか多弁になる。

「少女像が世界各地に作られるのも、そういう状況を自ら作り出したのは日本だと思います。ある国が別のある国を侵略して、よくないことがたくさん起これば、それに関心を持つのは当然のことでしょう」

「慰安婦問題にしても韓国が、日本がという立場を離れて、ちゃんとした謝罪があって然るべきだという部分について、多くの女性たちが共感しています。実際にアメリカや中国など海外の女性たちが元慰安婦の女性たちに共感したからこそ、その体験が忘れ去られてはいけないと、各地に記念碑を建てるようになったわけでしょう」

「温かく誠意を持って向き合えばいいだけなのに、彼女たちが声を上げるのを防ごうとしたりとか、知らないふりをしたりとか……。これでは私たちがもっと関心を持たなくては、と思うのも無理はありません」

「領土問題もそうです。日本も尖閣諸島を巡って、韓国にとっての独島のような問題を抱えているでしょう。なのにどうして韓国に対していちいち敏感に反応するのか……。そこは立場を逆にして考えたら、韓国の気持ちも分かるようになるんじゃないでしょうか」

日韓関係を離れて過去の〝蛮行〟を人類に普遍的な問題として捉え直す時、韓国の軍事政権によるこれまでの〝蛮行〟も批判の対象となり得る。軍事政権の系譜に連なる保守派への左派による批判にも利用されるロジックだが、これは意外に幅広く支持されているようだ。

「慰安婦問題がなかったかのように宣伝する歴史修正主義は、自国の若い世代に歪曲された歴史を刷り込むことになり、空しい憎悪や反感を招く結果にしかなりません。韓国でも軍事独裁とか、ベトナムでの〝蛮行〟とか、恥ずかしい歴史がたくさんあります。自国に都合のいい歴史だけを教えても、そんな教育を受けた世代の将来が心配ですよね。何も知らずに育って大人になってから事実を知った時、自国に対する自負心が傷つくのではないでしょうか」

テレビアニメ「赤毛のアン」の記憶

現在の業務に就くまで担当していたのは、韓国のアニメーション産業を支援する仕事だ。ただし二〇〇二年から二〇一四年にわたって長く務めたものの、有名な作家やヒット作を輩出するには至らなかった。

「もともとアニメが好きだからそこへ入ったわけではありません。ただ文化に関する仕事がしたくて、探していたらたまたま機会があったので……。当時の部署では、アニメやマンガの作家の企画立案や作品作りを支援する仕事をしていました。でも韓国は、大人たちがあまりアニメを見ないんです。テレビなどでは、小さい子供向けのアニメがたくさん放送されているんですけどね。大人向けの劇場版アニメの成功例はほとんどありません」

一九七〇～八〇年代に子供時代を過ごしたイが当時親しんだのは、もちろん日本アニメだ。

「幼い頃によく見ていました。いまでも記憶に残っているのは『赤毛のアン』ですね」

「アニメは韓国語に吹き替えられていましたから、日本製と知らずに見ていた人が多かったはずです。ただ『赤毛のアン』はもともとカナダの話でしょう。だから子供たちは特にどこ製のアニメという意識もなく、外国のお話だと思って見ていたと思います」

テレビアニメ「赤毛のアン」は、日本で一九七九年に全五〇話が放送された。韓国ではやや遅れて、一九八五～一九八六年にＫＢＳ２ＴＶで放送されている。

周知の通り「赤毛のアン」の原題は「Anne of Green Gables（グリーンゲイブルズのアン）」。「赤毛の～」は、一九五二年の邦訳版出版時に脚色された邦題だ。だが韓国でもアニメ放送以前から、邦題を直訳した「빨간 머리 앤（赤毛のアン）」のタイトルで親しまれてきた。恐らく韓国では原著でなく、邦訳版を元に韓国語版が作られたのだろう。

面白くて共感できるコンテンツ

「アニメに限らず、日本から文化的な影響を強く受けた時期もあったように思います。私はあまり関心がなかったので、よく知りませんが。例えばＸ ＪＡＰＡＮとか有名なグループの音楽をたくさん聞いたり、アイドルに夢中になったり、そんな人もいたようです。それと女性の場合はヘアスタイルとかファッションとか、影響を受けやすいですよね。特に同じ東洋人同士なので、日本の後追いはしやすかったんじゃないかと思います」

一九八〇～九〇年代、韓国の若者層を夢中にさせた日本文化ブーム。だが一九九八～二〇〇四年の「日本大衆文化開放」をはさんで、日本のコンテンツの影響力は大きく下がっている。そうしたなかでも、さまざまな形で根強く支持されているのがアニメだ。

二〇一七年一月に韓国で公開されたアニメ映画『君の名は。』は、約三七〇万人の観客を動員した。またスタジオジブリ作品も二〇〇〇年代序盤から相次いで公開され、「大人が見てもおかしくないアニメ」としてブランドを確立している。スタジオジブリの二人の監督、高畑勲と宮崎駿がテレビアニメ「赤毛のアン」に携わっていたのも周知の通りだ。

「アニメの世界で日本は代表的な存在でしょう。韓国でもそうした意識はあって、アニメやマンガがすごくよく知られています。テレビでもたくさん放送されていますし、見たければいくらでも見られる環境にある。そこから日本文化や日本語に関心を持って、言葉を学ぼうとする人も少なくありません」

日本が嫌いなはずの韓国人が、なぜ日本のコンテンツを喜んで消費するのか――。日本の巷では最近こうしたステレオタイプな言説もしばしば散見される。同じ質問をしてみた多くの韓国人と同様、やはりイからも戸惑いの反応が返ってきた。

「歴史問題や領土問題で日本を非難する一方、同時にアニメを好きになって日本について学ぼうとする……。私は別にこれが矛盾しているとは思いません。日本製だからどうこうというより、面白くて共感できるコンテンツがあれば、人々は自然に接していくんじゃないでしょうか。単にどこかの国の文化、作品について『あ、自分はこれが気に入った』と思っているだけでしょう」

「日本にも韓国文化に関心のある人はいるし、K－POPも人気がありますよね。それが両国間に何か対立する問題があるから、おかしい、変だ、という考えは理解できません。好きになってくれてうれしいと感じる人ならいると思いますが」

日本の伝統文化がうらやましい

仕事での出張とプライベートな旅行を含めて、もう何度か日本へ足を運んでいる。最初は二〇〇六年、アニメ産業支援の仕事の一環で日本へ渡ったという。

「印象は……、街が清潔で人々が親切とか、そんな感じです。プライベートで行った時は、ジブリ美術館を見学したりしました。もっとも私の場合は何か目的があって行くというより、友だちがいるからたまには会わなきゃ……といった感じで出かけることが多いですが」

年間七一四万人を超える同胞が日本を訪れている現状（二〇一七年）は、イの目にどう映っているのだろうか。

「海外旅行に行く時、どういう基準で目的地を決めるかでしょう。普通の人たちは多分みんな、近くて安全でサービスがよく、見所も多いところを好みますよね。そうすると日本が一番理想的、ということになるんじゃないでしょうか」

「それとテレビの旅行番組でもよく紹介されていて、情報があふれていることもあるでしょう。ほかにはアニメや漫画などをたくさん見て育ってきた、というところから日本へ行ってみたいという人も多いようです。でも理由を一つに絞るとするなら……、やはり近いという一点に尽きるでしょうね。ＬＣＣを利用すれば国内より安く行けたりしますし」

「ですからみんな別に日本が大好きだとか特別な感情があるわけでなく、ただ気楽な余暇のリフレッシュとして旅行先を選んでいるんだと思います。そういう軽い気持ちなので、さっきのような政治的な問題の影響も少ないでしょう。普通の庶民にとって外交問題はちょっと縁遠い話ですし、全ての日本人が極右の人たちみたいに、韓国に敵意を持っているわけはないという考えもある。みんなそれとこれとは別個に考えていると思います」

ただし観光資源としての日本の伝統文化、伝統建築などに対して、韓国人ならではの感情を抱くこともあるという。

「これは悲しい話ですが、日帝時代とそれに続く戦争の影響で、韓国の伝統がたくさん破壊されたんです。だから昔から大事に受け継がれていた伝統文化に対して、うらやましい気持ちもあるんですよ。日本はお寺などの建築、工芸品、またお祭りのような民俗文化まで、古いものがいまも生きているでしょう。そうした部分が、韓国人にとって日本の魅力の一部になっているんです」

対中、対米関係は状況次第

最後に北朝鮮、中国、アメリカといった日本以外の周辺国との関係について聞いてみた。まず世界が注視する北朝鮮問題については、楽観的な立場だ。北朝鮮に警戒心を抱く中高年の保守派と対照的に、進歩派の支持層らしい楽観的な姿勢をにじませる。

「南北の関係改善、北朝鮮との接近について、朝鮮戦争を体験した年配の人たちは大きな懸念を抱いているようです。ただし若い人ほどそんな心配はしていません。私も不安を感じることは全くないですね。経済的に見ると、韓国は市場が小さいので、北と連携して新しい市場を作っていくべきだという人もいます」

「私はまたそうしたことだけでなく、北朝鮮の閉鎖的な部分を段階的に開放していくべきだと考えています。北の人々はすごく抑圧されていて、大変な苦痛のなかで暮らしている。脱北者の証言を通じて、生活環境の劣悪さが伝えられているでしょう。そんな状況を強いられている人々が人間らしく生きられるよう、早く開放を進めていかなくてはいけないと思います」

対米、対中関係についても保守派が維持してきた親米的なスタンスと異なり、中立的な立場を支持している。中国への不信感はあるものの、それはアメリカも変わらないという認識だ。

「中国はＴＨＡＡＤ（終末高高度防衛ミサイル）問題を巡る経済制裁で韓国人から大きな反感を買っています。でもそんな感情とは別に、民間レベルでの経済活動や交流事業が行われていて、ＴＨＡＡＤによる緊張も一時的な問題という見方もある。こうして見ると、韓国にとっては日本とのつき合い方に似ているのかも知れません」

「対米関係、対中関係のどちらが重要かは、状況次第だと思います。中国だけでなくアメリカも、いつも自分たちに都合のいいように動かそうとします。ある局面ではアメリカとの関係が重要になっても、別の局面では中国とつき合う実利のほうが重要かも知れない。結局のところ韓国はどちらかに偏るのでなく、そんな風にバランスを取っていくしかないんじゃないでしょうか」

入り混じる反感と親和感

灰谷健次郎の著書を多数韓国語に翻訳して出版している出版社「ヤンチョルブク」。設立者で社長のチョ・ジェウンは灰谷の『兎の眼』に感銘を受け、多数の日本人と交流を重ねてきた。そのチョが分析する韓国の対日批判の構図とは——。

インタビュー◉チョ・ジェウン（男性／一九六六年生／出版社代表）

学生運動が縁で知った灰谷健次郎

チョ・ジェウンが代表を務める出版社「ヤンチョルブク」は、二〇〇一年創業。「教育書専門」を標榜するが、学習参考書の類は扱わない。出版するのは主に児童文学や教育エッセイだ。社名は韓国語で「ブリキの太鼓」の意味。言うまでもなくこれは、体制への抵抗と成長をシュールに描いたギュンター・グラスの同名小説にちなんでいる。

同社が最初に刊行したのが、灰谷健次郎（一九三四〜二〇〇六年）の著作『兎の眼』の韓国語版。韓国ではそれ以前から海賊版が出回っていたが、正式な契約を経て出版されたのはこれが最初だ。

チョは『兎の眼』が人生を変えた二冊のうちの一冊だという。もう一冊は社会民主主義運動家で漢陽《ハニャン》大学教授のリ・ヨンヒ（一九二九〜二〇一〇年）がベトナム戦争について書いた『転換時代の論理』だ。チョはこれを学生時代に読み、一九八〇年代の学生運動に身を投じた。

「学生運動がきっかけで偶然知り合った人が、灰谷先生と交流があったんです。それが縁で『兎の眼』を読み、感銘を受けました。人生を無駄に過ごすな、必死に生きろ――。登場人物たちがそう語りかけてくるようでした」

頻繁に海外を旅したことでも知られる灰谷は、韓国へも足繁く通っている。初訪韓は国交正常化から間もない一九六九年。日韓併合や戦争犯罪を気に病み、「『僕ら行ってもいいんやろか』と、常にこぼしていた」（『いのちの旅人　評伝・灰谷健次郎』新海均著／角川書店）という。

ヤンチョルブクから『兎の眼』が刊行されたのが二〇〇二年七月。その年の冬、チョはソウルの仁寺洞《インサドン》にある古びた居酒屋で初めて灰谷と出会う。それから活発な交流が始まり、読者をともなって灰谷ゆかりの大阪や神戸などを訪ねるイベントも八回近く主催した。灰谷もチョの故郷を訪ね、忘れがたい感慨を得たという。

韓国国内の事情

チョは一九六六年生まれ。両親は日本統治下の朝鮮で「松根油」掘りに動員された世代だ。ただし日本統治時代の体験について、両親から多くは聞かなかったという。

故郷は朝鮮半島中南部、慶尚南道《キョンサンナムド》の智異山《チリサン》山麓。そこで過ごした子供時代、日本という隣国について別段何の感情や考えもなかった。ただ一つ記憶しているのは、サッカーの日韓戦。試合があるたび人々がみな熱烈に韓国を応援するので、「サッカーでは日本に勝たなくてはいけない」という考えを漠然と抱いたそうだ。

やがて学校での歴史教育を経て、日本統治時代とその清算に対する批判的な考えが養われた。植民地支配の清算より経済支援を優先した朴正熙《パクチョンヒ》政権下の国交正常化交渉も、その対象だ。ただし現在のチョは、そこにつきまとうネガティブな感情について複雑な考えを持っている。

「韓国人が日々の生活のなかで、日本に何か特別な感情を持っていることはあまりありません。ただし私が思うに、政治的、歴史的な話になると、韓国人の多くが日本に対して否定的な感情を抱きます。そしてそれは実のところ日本がどうこうというより、韓国国内の事情でそうなったのではないかという思いもあるんです。なぜなら早い時期から日帝時代に関する歴史を通じて、否定的な教育を受けていますから。だから本人もそうと気づかないうちに、日本に対して否定的な感情を抱くようになるんだと思います」

「いまでも年配の人は特にその傾向が強いですね。私が中学生、高校生の頃も、そうした教育が盛んでした。でもいまは教育も変わり、若い人は以前ほど否定的に考えないようです。うちの娘はダンスをしているのですが、その勉強のため一カ月日本で過ごしてきました。これも教育が変化したおかげといえるでしょう」

現在のチョは、そうしたネガティブな感情を持っていないという。

「憎らしいとかそういう感情は、別に持っていません。灰谷先生を始めとして多くの日本人作家の本を読み、また日本の素晴らしい人たちともたくさん交流してきましたから。ただ歴史的に振り返って過ちがあればそれを正さなくてはいけない、こう考えているだけです」

否定的な感情はどこから来るか

韓国人が抱く日本に対する否定的な感情は、チョによると次の三つが主な土台だという。まず一つめは、日本統治時代そのものに対する感情。そして二つめは「親日残滓」の問題だ。

「解放後に樹立された李承晩《イスンマン》政権は、植民地時代の対日協力者を大勢起用して要職に就かせました。彼らは利権を通じて裕福な生活を送った一方、独立運動家らは冷遇されたりした。つまり韓国はきちんと植民地時代に審判を下して清算する、過去を断ち切って新しく出発することができず、社会が間違った道へ進んでしまったんです。それがとりわけ進歩的な人々の間で問題視されており、いまの政界でも『親日残滓』の清算を求める声は小さくありません」

これらに加えて、チョは「日本政府がちゃんとした謝罪をしていない」という主張を、三つめの要因に挙げる。

歴史問題、とりわけ慰安婦問題を巡る日本の反省や謝罪は、具体的な行動をともなっておらず、誠意のない見せかけでしかない——。『日韓歴史認識問題とは何か』(木村幹著/ミネルヴァ書房)によると、韓国のこうした言説は慰安婦問題が本格化していった一九九〇年代前半に根づいたという。元慰安婦女性の金学順《キムハクスン》による初のカミングアウトと日本政府を相手取った提訴などをきっかけに、一九九一年から慰安婦問題が両国間の重要懸案として浮上。日本政府は日韓基本条約と付属協定に基づいて日本側に追加補償の義務はないとの立場に立ちつつ、反省と謝罪を繰り返した。韓国政府も当初は同じ認識に立っていたが、一九九二年から慰安婦問題を請求権問題の例外として補償を要求する方針に転換。そして日本がこれに応じなかったことが、韓国ではそれまでの反省や謝罪に矛盾すると受け止められた。

こうして「『日本の謝罪は見せかけだけであり誠意がない』という理解が定着する。そしてさらに歴史認識問題の解決には、『日本が反省していることを示す、真の謝罪が必要だ』という世論が形成されていった」(『日韓歴史認識問題とは〜』)。

「植民地時代の体験、親日残滓、そしてちゃんとした謝罪がないこと。この三つのほかにも、まだいくつか要因が挙げられます。一つは日本がまた戦争をするのではないか、という恐れです。これはもちろん非現実的な話なんですが、平和憲法を破棄するといった動きが伝えられるたび、漠然とした不安がよぎるのも事実です。またそれと絡んで、過去の過ちに対してちゃんとした謝罪がないのは、日本人はいまでもその行為に信念を持っているからではないか。こうした疑念も、人々の考えのなかにあるようです」

伝統の喪失と物質主義

といっても韓国人はもちろん、日本への否定的な感情を常に意識しながら日々暮らしているわけではない。むしろ政治的、歴史的な話題を別にすれば、肯定的に感じている部分は多いという。

「韓国人が日常のなかで日本に何かを感じているとすれば、次のような部分でしょう。一つは日本製品に対する大きな信頼感。自動車でも何でも日本製品はディティールまでちゃんと丈夫に作ってあり、長く使うことができる。その信頼はとても大きいと思います。それともう一つ、約束したことに対して正確だという印象もあります。私もよく日本へ行くので分かるのですが、日本人は何かを決めたら必ず約束を守る。日本旅行が安全で快適だというのも、結局そういう部分に由来しているのではないでしょうか」

日本に対する肯定的な視点としてはまた、「韓国では失われてしまった伝統が、日本にはまだ残っている」という言説もしばしば聞かれる。チョもこれを肯定する一人だ。

「伝統行事イベントのようなことは韓国の各地で行われていますが、それよりもっと根深く溶け込んでいた地域の文化、あるいは人々の行動様式。韓国ではそうしたものが消えてしまったんです。例えば日本のサムライに相当する、かつて在野で儒教を学んだ貴族の精神とかですね」

「韓国は朝鮮戦争を経て、アメリカのプラグマティズムの影響を強く受けました。だから例えば拝金主義のような、精神的な価値より物質的な価値を重視する風潮が強いんです。また人と人が話し合えば済むようなことを、すぐ定められた規則や制度、契約とか法律に頼ったり……。そうした観点から見て日本は古い伝統、生活習慣が受け継がれているので、うらやましく思います」

否定的な感情とメディアの役割

日本への好意的な印象と対照的に、中国に対する感情は近年悪化している。もともと北朝鮮に近い社会主義国家ということに加え、THAAD（終末高高度防衛）ミサイル配備にともなう二〇一六年からの制裁などが主な要因だ。

また韓国を訪れる中国人観光客も、「無礼」「うるさい」などと芳しくない評判が多い。個人レベルでの生活習慣といった面でも、中国に好意的ではない韓国人は少なくない。そうした部分との比較からも、日本により好感を抱くことは多いようだ。

「結局のところ生活、人、文化といった部分で、韓国人は日本、または日本人が好きなんです。そういう人が大多数でしょう。でもその一方で、一部にはさっき話したような日本を嫌う感情もある。昔はそれが大勢を占めていたわけですが」

チョはこの否定的な感情の裏側に、「韓国のメディアと教育が日本に対して非常に批判的」なことも関わっているという。

「例えば独島《トクト》に絡んで何かがあると、韓国のメディアはすごく敏感に反応します。それどころか問題をさらに煽ったりもする。これはメディアに限らず、政治もそう。独島問題が騒がれる時、私にはメディアと政治家が人々を分裂させようとしているように感じられます。そうしたことに振り回されてはいけない、扇情的な報道で人々が利用されてはだめだ、というのが私の考えです」

「日本と韓国が平和に暮らしていくことができていれば、それがそこまで重要な問題だろうかと思います。領土紛争は世界のどこにでもある普遍的な問題でしょう。土地争いなら個人間でも起こります。その問題をどうにかして解決したいという気持ちを持っていればいいのであって、そのために憎み合ったり争う必要はありません」

「いまは解決の方法が分からなくても、まずその問題があるという事実を認めて、どうすればいいか休まず考え続けていけばいい。にもかかわらず、あたかも侵略戦争であるかのように、敵同士になるような扇動をやっている人たちがいる。人々が反応するのを止めれば、そういう扇動もなくなるのではないでしょうか」

批判する側に立てば安全

「かつて朴正煕政権を批判するとアカだ、従北だと言われました。当時アカや従北は絶対的な悪でしたから、どんな批判も許されていました」

大学入学は、民主化への過渡期だった一九八五年。激しい学生運動に身を投じつつ、社会科学、哲学などの本を読み漁った。韓国で禁止されていたマルクス主義の本を密かに供給したのは、ほかでもない日本だ。

「日本でマルクス主義関連の本をコピーして、韓国へ隠し持って来るわけです。それを自分たちで翻訳し、みんなで読んでいました。だから一九七〇~八〇年代に韓国で学生運動をしていた人たちは、日本の全共闘の影響をたくさん受けているんですよ。そうしたこともあって進歩的な人たちは、むやみに日本を叩けばいいという考えはしませんでした」

民主化を求める進歩派＝左派と対立していたのが、軍事政権を支持する保守派＝右派。チョによると、保守派の過激な勢力が特に日本への敵対心を強調していたという。

「保守派のなかでも特に民族主義的な人たちが、極端な考え方をしていました。日本に対して好意的であることが、あたかも国を裏切る行為であるかのような……。彼らは共産主義や北朝鮮と同様に、日本に対しても過度な嫌悪感を示していたんです。かつてアカといえば、極端な禁忌とされていた。そして日本に対しても、同じように接するべきだという考えがありました。もっともこれは、進歩派の一部にも見られたことですが」

「そうした過度な愛国主義者たちは、自分たちがなぜそうなのか問いただすこともありませんでした。ただ批判する側に立っていれば、自分たちは安全だと考えていたのでしょう」

条件つきで許容された日本

日本に関する問題でメディアが敏感に反応する裏側にも、この「安全でいたい」という心理が関わっているようだ。そこには批判以外を許さない社会の圧力も関わっている。

「以前の韓国で北朝鮮のことをよく言おうものなら、もうこの地上で生きていけないほどの扱いを受けました。そんな状況で例えばメディアが北朝鮮について中立的、客観的だったりすると、それだけで非難を浴びたわけです」

「同じように日本の問題に対しても扇情的、攻撃的に伝えなければ、自分たちが攻撃される恐れがあった。北朝鮮や日本に対しては、第三者的な視点をこの社会が許容しなかったという事情があったからです。そうした傾向が、いまのメディアにも残っているのかも知れません」

ただし文字通りの敵として対峙した北朝鮮と異なり、日本との関係はより複雑だ。同じ西側の一員としてアメリカの安全保障政策に組み込まれている上、何より経済発展を目指していた韓国は日本との協調に依存せざるを得ない。

「無条件で批判の対象だった北朝鮮と違い、日本に対してはメディアでの扱いもその話題ごとに異なっています。ある製品が優れているとか、日本のこんな人が親切だったとか、そういう個別の話は許容されるのですが、日本という国家が好きだというと批判を招く。そんな状況にあったように思います」

保守派に批判的なチョは、保守系の長期政権が続く日本の政界にも同じ視線を投げかける。

「韓国の保守政治家はみんな、北朝鮮と日本を自分たちの政治の道具として使ってきた側面が少なくありません。日本の保守政治家も、そうやって支持を集めてきたのではないでしょうか」

「進歩的な人たちは、いまの日本の政治について盛んに批判しています。日本はもう少し、より理性的で賢明になる必要があるのではないか。そして変化の動きが起こって、もう少しいい人たちが政治をすれば、韓日の関係も大きく変わるのではないか——といった期待もあるんです」

作り出される対立の構図

日韓関係の懸案とされている慰安婦問題。チョはここでもやはり、韓国の現状にやや異論を示している。例えば国境を越えて世界各地に次々と作られる少女像がそうだ。

「記念館のようなものは必要だと思います。私たちは慰安婦の歴史を学ばなくてはいけませんから。でもそれは相手を憎むことが目的ではありません。再びその歴史が繰り返されないようにするためです。競い合うかのように対立の構図を作り出すのは、賢明とはいえません。しかし私が見る限り、扇動やプロパガンダのような部分もあるのではないかと思います」

「韓国もベトナムで、非常に大きな過ちを犯したでしょう。ベトナム戦争に参加し、多くの無辜の市民に被害を与えました。だから私たちもベトナムへ行って謝罪し、そんな歴史を繰り返さないよう努めなくてはいけない。実際のところ、日本でもそうやっている方たちはたくさんいます。」

「一度に全てうまくいかなくても、少しずつ日本から中身のある談話を引き出していくべきではないかと思います。あたかも競争のように、要求を通すためのデモやストライキのようなことを繰り返しても、問題を解決する方策にはならないでしょう」

「より多くの人が研究して話し合い、二度と繰り返さないよう決意する。こうしてこそ問題が完結されるのではないか、と思います。その意味で例えばドイツで行われているやり方は、とてもうまくいっているのではないでしょうか。彼らは過ちを二度と繰り返さないという誓いを繰り返しており、それは信頼に足るものです。私たち韓国と日本も、いずれそういう関係になれればいいと思います」

第三章 “正しい歴史”

味噌五溜り
フジカラー
アイボリースタヂオ
焼とり
本場の味
丼もの
京茶漬
にしんそば
天ぷらうどん
回転寿司
시장 3代
☎02-324-5000
情

「反日」と「保守」の行方

強硬な「反日」を掲げた李承晩《イスンマン》の系譜に連なる韓国の「保守」。
だが民主化などを経て社会の価値観も変容し、その存在意義も問い直されている。
「反日デモ」に半生を捧げてきた保守活動家に、その歩みと現在の世界観を聞いた。

インタビュー◉ホン・ジョンシク（男性／一九五〇年生／政治活動家）

メディアで知られた「反日」の顔

「マッカーサー将軍、知ってるでしょう。仁川《インチョン》にある将軍の銅像に、放火した牧師がいるんですよ。左派の文在寅《ムンジェイン》政権のせいで、北朝鮮に追従する『従北勢力』が活発化していますから。だから今日は、像が無事かどうか青年部の委員長と現場を見に行く予定なんです。時間？　いや別にかまいませんよ。どうせいまから夕方までは、とんでもない暑さですからね」

保守系の市民団体「活貧団《ファルビンダン》」のホン・ジョンシク代表と会ったのは、二〇一八年八月の午前一〇時。ちょうど日本と韓国が揃って記録的な酷暑に見舞われた夏の真っ盛りだった。

場所はソウル南西部の外れ、冠岳区《クァナクク》の新林《シルリム》駅近く。近隣には一九六〇〜八〇年代に紡績など軽工業で賑わった一帯があり、労働者が暮らすダウンタウンというイメージが残るエリアだ。

広々としたチェーン系のカフェに一人で現れたホンはラフな服装だったが、一目ですぐに分かった。そのややエキセントリックな反日デモのパフォーマンスはかれこれ二〇年近くにわたり韓国メディアで繰り返し報じられ、すでにお馴染みの顔だったからだ。もっともすでに六〇代後半を折り返したその容姿は、暑さのせいかメディアでのイメージより老いが色濃く見えた。

韓国「保守」のルーツ

日章旗や旭日旗を引き裂き、日本の首相を模したハリボテを燃やして火刑に処す――。韓国では活貧団を含む無数の集団が、こんな政治デモをしばしば街頭で繰り広げている。

攻撃する相手は日本だけではない。例えば二〇一一年に中国漁船の違法操業を摘発しようとした韓国の海上警察隊員が死亡した際には、中国大使館前で中国漁船を模した模型を粉々に叩き壊すパフォーマンスが繰り広げられた。攻撃する国の国旗が踏みにじられたり引き裂かれたり、指導者の人形が火あぶりにされるのは、北朝鮮も変わりない。

こうした過激な政治デモの主役はもっぱら「保守団体」だ。

韓国でいう「保守」とは「親米反北」、つまり二〇世紀の冷戦構造を土台とする反共イデオロギーを掲げる勢力が該当する。その主な母体は、二〇世紀韓国を四半世紀近く支配した軍事独裁政権。したがって韓国の「保守」は、朴正熙《パクチョンヒ》(一九一七〜七九年)政権の「開発独裁」に象徴される国家主義的な経済発展モデルの支持者とも重なっている。

さらに源流を辿ると、韓国初代大統領の李承晩《イスンマン》(一八七五〜一九六五年)、また大韓民国臨時政府主席だった金九《キムグ》(一八七六〜一九四九年)らに行きあたる。いずれも朝鮮王朝時代最末期に生まれ、一九世紀末から反日独立運動に生涯を捧げた民族主義活動家だ。金は日清戦争の引き金ともなった農民の武装蜂起「甲午農民戦争」に参加した経歴も持つ。

彼らは一九一九年の大規模な抗日闘争「三一独立運動」に呼応し、上海での大韓民国臨時政府樹立に参加。同時に李承晩と金九はいずれも反共産主義を掲げ、同政府に関わった共産主義者らと対立を繰り広げた。

韓国の成立と分断の確定

一九四五年八月に日本の無条件降伏が決まったのを受け、民族主義左派の呂運亨《ヨ・ウニョン》らは「朝鮮人民共和国」の樹立を宣言。半島各地に人民委員会が設けられ、行政の任にあたった。

だが直後に進駐した米軍は、これを共産主義勢力と見なして承認を拒否。同月に米軍政庁を設置し、占領統治を始める。その実務者として起用されたのは、朝鮮総督府で高位職に就いていた「親日右派」の朝鮮人たちだ。

やがて同年一〇月に李承晩がアメリカ、一一月に金九が中国からそれぞれ帰国。二人は共産主義者の呂運亨を排除したいアメリカに支援される形で、保守系政治勢力として台頭する。

同時にソ連軍が展開する北緯三八度線以北でも、ソ連主導で金日成《キムイルソン》体制による行政組織が整備されていった。そして一九四五年一二月の三国外相会議で米英中ソによる朝鮮の信託統治が取り決められ、朝鮮人民共和国は有名無実化してしまう。

南では米軍政庁を後ろ盾とする親日右派が、各地の人民委員会など左派勢力を激しく攻撃。米軍政庁はまた日本統治時代の朝鮮人警官らを動員し、左派勢力を支持する民衆を抑え込む。呂運亨は南北分断の固定化を避けようと奔走するが、一九四七年七月に李承晩の一派と見られる者に暗殺された。

こうして右派と左派が激しく対立するなか、一九四八年八月に半島南部が大韓民国政府の樹立を宣言。李承晩が初代大統領に就任し、半島の分断が確定的となった。なお一方の金九は南北朝鮮の自主統一を唱えて李と対立した後、一九四九年六月に暗殺されている。

「反日」教育の世代

一九四六年に生まれた作家の韓水山《ハンスサン》は、『隣りの日本人』（一九九五年／徳間書店）でこう書いている。「小学校に入って習字の時間に初めて書いた文字は『反日』だった」「大学に入った年、韓国の若者たちは韓日国交正常化を目前にして、屈辱外交反対デモの熱気に包まれた。私もその中にいた」。

一九一一年の出国～亡命から一九四五年一〇月の帰国まで、李承晩は日本統治時代のほぼ全てを海外での反日独立運動に費やしている。当然ながら「反共」「親米」とともに「反日」はその政治信条の根幹であり、これがその後の韓国における「保守」にも受け継がれた。

「李承晩は日韓のスポーツ試合があると、選手たちに『負けたら玄界灘に身投げしろ』と檄を飛ばした」というのは、いまもしばしば語られる逸話だ。その真偽はともかく、実際に大統領として在任中だった一九五六年五月、当時の文教部（文科省に相当する中央省庁の一つ）が「反日・反共教

デモで掲げるプラカードの説明をするホン・ジョンシク代表

反日・反共教育強化の通達を伝える新聞記事（『東亜日報』1956年５月２日付）

反日反共教育
文教部서强化示達

三十일 문교당국에서는 반공(反共) 반일(反日) 교육추진에 가일층 박차를가하도록 각지방장관에게 다음과 같이 지시하였다

▲교육과정기준령범위내에서 각급학교매학년 한시간이상 지도할것

▲지도는 문교부안『반공반일교육요항』에외거하여 문교부인정도서나 각지방장관지정도서에외할것

育を強化」するよう通達を出している。当時の新聞報道には、「各学校各学年一時間以上指導すること」「指導は文教部内『反共反日教育要項』に依拠～」といった内容が見える。

ホンが生まれたのは、朝鮮戦争が勃発した一九五〇年。したがって右の通達が出たのは、小学校に上がる頃だ。李承晩時代の反日教育に関する記憶について、本人に聞いてみた。

「李承晩大統領は我らが建国の父であり、とにかく徹底した反日の人でした。これまで日本が犯してきた蛮行の数々……。学校の先生たちは、怒りで歯ぎしりするかのように教えてくれましたよ。『対馬島《テマド》』、日本語でツシマというでしょう。ここは世宗大王《セジョンデワン》の時まで、我々の土地だった。ところが倭寇が我々から奪ったんです。そして李承晩大統領が、我々が失った土地を取り返した。だから私もそういう活動をしているんですよ」

間を空けずに繰り出される抑揚の強い韓国語。年配の韓国人に特徴的な話し方の一つだが、そのスピードはネイティブでさえ聞き取りに苦労する上、話題があちこちへ飛躍する。李承晩が「取り返した」というのはもちろん対馬ではなく、一九五二年に設定した「李承晩ライン」によって「実効支配」下に置いた「独島《トクト》」、つまり日本でいう竹島だろう。また「そういう活動」とは、ホンの「対馬島返還要求」「独島守護」といった領土関連の主張を指すようだ。

高二で日本大使館侵入を企図

「朴正熙大統領の時代、一九六〇年代前半には韓日条約に反対する大きな動きがありました。当時私はまだ幼かったですが」

李承晩政権下の反日教育に関連して、ホンはこうも語った。「韓日条約」とは一九六五年に日韓の関係正常化と経済協力などを取り決めた日韓基本条約のことだ。

条約に対する激しい反対運動と反日教育の関連性は、当時の韓国メディアでもしばしば指摘されていた。李承晩政権の過度な反日教育が、朴正熙政権の国交正常化交渉の足を引っ張っているという論調だ。

「韓日条約」に反対するデモが盛んだった頃は、まだ幼かったと振り返るホン。だが彼は国交正常化の三年後、一九六八年に早くも反日デモで警察沙汰を起こしている。発端は同年二月に日本の静岡県で発生した「金嬉老《キムヒロ》事件」。在日韓国人二世の金嬉老が自分を脅迫していた暴力団員ら二名を射殺した後、同県の寸又峡温泉で投宿客ら一三人を人質に立てこもった事件だ。

事件は韓国でも日本の在日韓国・朝鮮人差別と関連づけて報じられ、当時高校二年生だったホンをいたく憤慨させた。そこで同年の「三一独立運動」を記念するソウル市内の集会に参加した際、ほかの学生らと日本大使館の「襲撃」を計画。警察に制止されて目的は果たせなかったものの、一連の騒動が全国紙で報じられるというメディアデビューを飾っている。

ネットで国境を越える「反日パフォーマンス」

反日活動家としてのホンのキャリアは筋金入りだ。

政治デモを始めて間もない二〇〇一年四月には、粉トウガラシ、ナイフ、垢すりタオルなどを日本の天皇、首相、外相らに宛てて発送した。粉トウガラシは「歴史歪曲」の象徴、ナイフは「歴史歪曲の是正を拒否するなら自決しろ」、垢すりタオルは「ひと皮むいて生まれ変われ」というメッセージだという。

同年六月にはかつて金九が加わった甲午農民戦争を記念するイベントに飛び入りし、日章旗を燃やすパフォーマンスを強行。二〇〇三年一一月には日本の政治家の「妄言」に抗議し、日本大使館前で粉トウガラシを撒いた上ナイフで日章旗を切り裂いた。

二〇〇五年三月には島根県の「竹島の日」制定に抗議するため、活貧団の団員ら八人がハシゴを持って日本大使館へ押しかけ侵入を試みている。二〇〇七年にも「安倍晋三の妄言を糾弾する」として団員が日本大使館敷地に侵入、ホンも無許可デモで検挙された。さらに二〇一一年にはホンが日本大使館前でナイフを手に自傷行為を試み、警察に制止されている。自分の血のついたナイフを日本大使館に投げ込みたかったそうだ。

ホンは日本へもたびたび足を運んで抗議デモを行っている。二〇一四年には東京の首相官邸前で粉トウガラシを散布、日章旗を食いちぎるなどのパフォーマンスを見せた。この時のデモは日本の閣僚らの靖国神社参拝に対する抗議が主な目的だ。

韓国のメディアは、そんなホンらの様子を好んで画像や動画に収めて報じてきた。大使館侵入など物騒な事件には眉をひそめているが、パフォーマンスの多くは日本に対する民意の表れであるかのように伝えられている。そんなホンらのビジュアルはインターネットを通じて日本へも広まり、反日活動家の代表的存在として流布され続けてきた。

二〇〇一年六月に飛び入りで日章旗を燃やした際、ホンはメディアの取材にこう答えている。「私はしっかりした考えを持っているドン・キホーテだ。私は自分のキャンペーンのために一所懸命走り回っている」(『オーマイ・ニュース』二〇〇一年六月一日付)。

「森進一に似ている」

日本人がこのような人物と対座すると、何か危害を加えられるのではないか――。こう考える人は多いかも知れないが、ホンのような活動家に関してはおおむね杞憂だ。彼らはメディアを通して、自分たちの公明正大さを訴えることを目的に活動している。だから取材には協力的だし、そこで「ヘイトクライム」に訴え出るようでは世論や支援者の支持を得られない。

また韓国ではそもそも不義を働くのはあくまで権力層であり、大衆はむしろ共闘を呼びかけるべき相手という階層観が根づいている。名うての反日活動家であるホンだが、そうした点では意外なほど「親日」のアピールに熱を込めた。

「森進一という歌手がいるでしょう。私と顔が似ていると言うんですよ。空港に来た日本人が、私を見て、『森進一だ』と。その人のほうが私よりご年配のようですが」

一九七〇年代後半から一九九九年まで関税庁の職員だった彼は、当時ソウルで唯一の国際空港だった金浦《キムポ》国際空港で税関業務にあたっていたことがある。いまの容貌が似ているとは思えないが、若かった頃は美男演歌歌手の面影があったのだろう。

「日本の旅行客が来たら、職員は親切に対応すべきじゃないですか。だから簡単な日本語を覚えて検査台でやり取りしていました。そんな頃だったか、一九九〇年代に日本の神戸で大地震があったでしょう。私はただの公務員でしたが、月給一カ月分に相当する額の義援金を送りました。……しかしそれにしても残念なのは、今年夏にまた日本の西南地方で大勢の被災者が出たことです。いまはもろもろの事情で経済的な余裕がなく、当時のように義援金を送ることができず……。亡くなった方に哀悼の意を表するとともに、早い復興をお祈りしています」

「大勢の被災者が出た」とは、西日本を中心に大きな被害を出した二〇一八年七月の集中豪雨だ。

ホンはまた「これまで日本が犯してきた蛮行の数々……」といった言葉を口にする際にも、聞き手である筆者に気遣いの言葉を添えた。

「日本人のあなたを責めているんじゃありませんよ。私は日本政府を非難しているのです。私が空港で働いていた時、日本人旅行者でいい方はたくさんいました。親切で立派な方も」

だがすぐあたかも返す刀のように、また激しい日本批判が飛んでくる。

「ところが日本政府は、自分たちのしでかした極悪非道な過去の歴史に対する反省が一切ない。それで小泉首相の時代から、私は何度も日本大使館に出かけていくようになったんです」

ホン一族の歴史

一九五〇年生まれの彼は「過去の歴史」を直接知らないが、祖父母や両親から当時の実体験を聞いてはいないだろうか。それを問うと、こんな話が返ってきた。

「うちの身内に忠清《チュンチョン》北《プク》道《ト》錦山郡《クムサングン》で郡守をしていた親戚がいました。その親戚は祖国が日本に併合された悔しさのあまり、刃物で腹を切ったそうです。祖父は満州へ逃げていって、独立運動を支援するようなことをやっていました。うちの両親も強制的に連れて行かれるところを、辛くも脱出したそうです。連行されていたら、母は慰安婦になっていたでしょう。とにかく重要なのは、日帝時代に最も反日感情が高潮していたのが慶尚北道《キョンサンプクト》の安東《アンドン》だったことです。そして私は安東にある豊山《プンサン》邑《ウプ》という村の出身なんです。その故郷の安東で、大々的な反日運動が盛んに行われていました」

ホン一族の波乱万丈な歴史について、史実を確かめるすべはない。そして話は再び現在の活動へとつながっていく。

「ところがいったいどうしたことですか。私がとにかく憤慨したのは十何年か前、日本の政治家が『創氏改名は朝鮮人が望んだ』と発言したことです。ちょうどそのニュースを知った時、私は慶尚《キョンサン》南道《ナムド》統営《ドンヨン》から遊覧船に乗って観光している最中でした。私はその場ですぐデモをしたかったが、プラカードがない。そこで船長にサインペンとカレンダーを借り、その裏にメッセージを書いて即席のデモをやったんですよ。遊覧船の上で」

スカウトされた青年

「ホン代表は剛直で火のような性格。そして不義を許さない人です」

こう語ったのは、遅れてカフェにやってきた「青年部の委員長」ことパク・ユンソ。一九九一年生まれ、取材当時二六歳の青年だ。

ホンが活貧団を結成したのは、一九九八年。当初集まった団員は、多くがアジア通貨危機にともなう大恐慌「ＩＭＦショック」で職を失うなどした人々だ。彼らは社会不正の打破を掲げ、腐敗事件を起こした政官財界の要人らに垢すりタオルを送りつけるなどのパフォーマンスを始めるようになった。一方でまた欠食児童の支援などボランティア活動も行っている。

やがて公務員と社会活動家の兼業が難しくなったホンは、一九九九年に関税庁を退職。その後は公務員年金と団員らのカンパで活動を支えるようになった。しかし韓国メディアには注目されたものの、参加者は次第に減少。いまもその活動はよくニュースで報じられるが、ホン一人ないし数人程度でのパフォーマンスにとどまっている。

そんなホンの傍でしばしばメディアに登場するようになったのが、このパク青年だ。四年前に日本大使館前で行われた「独島」領有権を主張するデモをきっかけに、行動をともにするようになったという。家が貧しく大学に行けなかったという彼は、スターバックスのアルバイトで生計を立てている。

「日本についてどう思うか、ですか? 僕は『ＯＮＥ ＰＩＥＣＥ』と『犬夜叉』のファンです(笑)。寿司もおいしいし、着物もきれいだし、温泉も憧れるし、日本文化は好きですね。それと日本はロボット産業が進んでいる先進国だという印象があります。韓国が先進国かどうかは分かりませんが……」

「嫌いなのは、自民党と安倍晋三、日本の政治。韓国に対して攻撃的ですから。友だちとニュースを見ながらそういう話をしていて、自分も何か直接発言すべきだと思うようになりました。そして独島のデモに参加しているうち、ホン代表にスカウトされたんです」

師弟関係のように見える二人だが、主張が異なる部分もある。例えばホンは対馬の領土回復を訴えているが、パクは「対馬は日本の領土でしょう」と言う。ホンにとっては譲りがたい部分ではないかとも思えるが、二人の信頼関係は良好なようだ。ホンはパクをこう評する。

「彼は若い知り合いのなかで日本に対する理解度が一番です。余裕ができれば札幌へ旅行したいとよく言っていますよ。北海道は涼しいですからね。これは単なる『親日』ということでなく、東北アジアの人々がみな同じ国民のように争いなく過ごせたらいいと、そういう思いです」

存在理由を問われる韓国「保守」

これからマッカーサー将軍の銅像の安否を確かめに行く、という二人。いかにも「親米反北」の保守派らしい活動だが、その価値観はいまの韓国で大きく揺らいでいる。保守派のカリスマ的存在だった朴正煕の娘＝朴槿恵《パククネ》前大統領の弾劾、罷免、そして続く文在寅政権とその劇的な南北関係の改善が主な理由だ。

政府樹立以来「反共」を国是としてきた韓国では、長い間「保守」が圧倒的に強かった。共産主義国家である北朝鮮が差し迫った軍事的脅威として存在する以上、「親米反北」が主流となるのは当然だ。だが冷戦の終結と一九八〇年代の民主化を経て、反独裁を掲げてきた民主化勢力が「保守」派に対する「進歩」派として台頭。同時に従来の南北対立に代わって北との宥和を追求する「反米親北」も、公然と姿を見せるようになった。朝鮮戦争で韓国を救った英雄とされてきたマッカーサー将軍の銅像が放火されたのは、その過激な例の一つだ。

そうした変化の最中も「保守」は新自由主義を取り込むなどしながら、社会の主流であり続けた。だが李明博《イミョンバク》、朴槿恵と二代続いた保守政権が弾劾～罷免という最悪の結末を迎え、既存の保守政党に対する支持が急落。一方で文在寅の「進歩」政権は「保守」への失望の受け皿として高支持率を獲得しつつ、「朝鮮戦争の停戦」という歴史的な転換に王手をかけている。結果的に「保守」は北の脅威という大きな支持動機も揺るがされ、存在理由が問い直されている状態だ。

「文在寅大統領は左派ですが、彼の国民との意思疎通を図る姿勢は認めています。また四月の南北首脳会談も、東北アジアの将来のために必要な選択だったでしょう。李承晩大統領、朴正熙大統領の時代から、金日成、金正日《キムジョンイル》がどれだけ悪いことをしてきたか。大韓航空機を爆破して、日本人も大勢拉致したでしょう。最近でも延坪島《ヨンピョンド》砲撃、天安《チョナン》艦事件など、挑発が絶えませんでした。戦争にでもなれば私たちの同胞が血を流すことになるし、日本もオリンピックどころじゃありませんよ。ですから文大統領と金正恩がともに境界線を超えたのは、美しい政治的行為と見るべきです」

「しかし核兵器の放棄が一瞬で済むとは信じていませんし、隠蔽などがあれば政治ショーに過ぎません。また文大統領になってから経済が悪くなりました。経済運営に失敗すれば、再び危機に陥る可能性もあります」

その一方でホンは、自身がメディアから常に「保守」扱いされることにも不満があると言う。

「記者たちは私を『保守』だと盛んに言いますが、我々はそうした理念を離れ、公益、民益のために活動しているんです。プロレタリアもブルジョアもない、いわば合理的な民族主義者なんです」

南北と日本の人口を足したら二億人

南北の急接近で版図が変わりつつある東アジア。ホンはその将来について、日本と朝鮮半島、さらに中国まで一つになるべきだと説く。

「私は血の気が多いと思われるかも知れませんが、本当は平和主義者で日本との関係をよくしていきたいんです。日本の人口が一億二五〇〇万、韓国と北朝鮮が八〇〇〇万。足したら二億ですよ。それだけあれば、世界でもっと優位に立てるでしょう。中国は一四億人ですが、日本や韓国のように豊かに暮らしている人はごく一部です。それでも中国まで一つになれば、一六億人。世界人口の五分の一ですよ。日本の安倍が真実の謝罪さえすれば、文在寅だろうとほかの大統領だろうとウィンウィンの関係で韓日首脳会談をするだろうし、それに拍手を送りたい。安倍が韓国へ来るなら謝罪のためにこの地を踏めと、そう訴える気持ちしかありません」

ホンは六人兄弟の長男。既婚者で娘と息子がいるという。二〇〇一年の韓国紙インタビューでは子供たちも活動に参加し、妻も理解してくれていると語っていた。だがやがて政治活動を巡って疎遠になり、現在は新林駅近くのマンションで一人暮しをしている。同居していた母親を最近亡くし、広くなった部屋が夜になるといっそう寂しいそうだ。

「韓日関係が平和になる日が、私たちが反日デモをしなくなる日です。その日が来るまで、九〇になっても私は現れますよ。その頃にはパク君はまだ四〇代。韓日が平和になるまで、私たちの行進は続いていくことでしょう」

朝鮮戦争の勃発とともに生まれ、幼い頃に李承晩の反日教育の洗礼を浴びたホン。彼がデモをしなくなる日、つまり「韓日の平和」は遠ざかりこそすれ、近づく気配はまだ一向に見えない。

“本当の謝罪”を待ち続ける少女像

日本軍慰安婦は戦後の空白期をはさみ、日韓それぞれで「再発見」されていった。韓国の慰安婦言説は民主化と冷戦終結を経て、より洗練された対日戦略にシフトしていく。そんな活動の最前線にいる「ナヌムの家」所長に、率直な対日観を聞いた。

インタビュー◉アン・シングォン（男性／一九六一年生／「ナヌムの家」所長）

戦後激変したセクシュアリティ

一九六〇～七〇年代を知る世代なら、「南極二号」という言葉に聞き覚えがあるだろう。「南極観測隊が同伴していった」とまことしやかに語られた性処理用の人形、いわゆるダッチワイフのことだ。拙著『南極一号伝説』（二〇〇八年／バジリコ）でも触れたが、第一次南極越冬隊隊が「弁天さん」

と呼ばれた性処理用の人形一体を南極へ運び込んだのは事実だった。

計画を任された文部省職員らは国家の威信をかけた事業に万全を期すため、男性隊員らの精神衛生を第一に考えたという。ただし極寒のなかで人型の性具と遊ぼうとする物好きな隊員は一人もおらず、人形は一度も使われないまま現地で廃棄されたという証言が残っている。日本以外で同様の試みがあったかどうか詳らかでないが、海外の文献を見ても類例はなさそうだ。

いうまでもなく「弁天さん」は、生きた女性を性処理用具として連れていくわけにいかないので、その代用品として考案、製造された。ところがその一〇年ちょっと前まで、実際に生身の人間で似たことを行っていたのが日本軍の慰安婦制度だ。これも敗戦からのわずかな時間で日本人の価値観やセクシュアリティが激変した事例の一つに数えるべきかも知れない。

朝鮮人慰安婦との〝同志的な関係〟

「慰安婦たちは単なる性処理用具でなく、戦場で兵士たちと擬似家族の幻想を作り出す〝同志的な関係〟にあった」――。こうした新しい視点を慰安婦問題に提起したのが朴裕河《パクユハ》の『帝国の慰安婦 植民地支配と記憶の闘い』（二〇一四年／朝日新聞出版）だ。

もちろん〝同志的な関係〟とはレトリックであり、極限状況下の女性が無意識に選んだ心理的な自己防衛、人としてせめてもの尊厳を維持するための共依存関係、とでもいうのがより実態に近いだろう。同書ではそのほか朝鮮人慰安婦の確保に大きな役割を果たした朝鮮人業者の存在、また「強制連行された少女たち」という韓国で一般的なイメージへの反証などがクローズアップされている。

著者の朴裕河は世宗《セジョン》大学日本文学科教授。原書（『제국의 위안부 식민지지배와 기억의 투쟁』뿌리와이파리）は韓国で二〇一三年八月に出版され、当初は現地の各メディアから好意的に迎えられたという。

だが二〇一四年六月、元慰安婦女性九人の名義による出版差し止め及び二億七〇〇〇万ウォン（約二七〇〇万円）損害賠償を求める民事訴訟が起こされる。同書の描写が元慰安婦女性らの名誉を毀損している、というのがその理由だ。

また名誉毀損を巡って元慰安婦女性一一人の名義による刑事告訴も行われ、ソウル東部地検は二〇一五年一一月に朴を在宅起訴した。起訴理由は「日本軍慰安婦は基本的に売春の枠内にある女性たちで、自発的な売春婦であり、日本国に対する愛国心または矜持を持って、日本人兵士たちを精神的・身体的に慰安する慰安婦として生活しながら、日本軍と同志的関係にあった」という「虚偽の事実」を示した、というものだ。報道資料では「河野洋平官房長官談話」（一九九三年）、「国連人権委員会クマラスワミ報告書」（一九九六年）、米下院決議（二〇〇七年）などが判断の根拠として示されている。

民事訴訟では記述の削除や九〇〇〇万ウォン（約九〇〇万円）の賠償などが命じられ、朴が控訴。刑事訴訟では、二〇一七年一月の一審で懲役三年の求刑に対して無罪。だがソウル高裁は同年一〇月にこれを破棄し、罰金一〇〇〇万ウォン（約一〇〇万円）の有罪判決を下している。朴は上告するとともに、新たに著書を出版して批判に反論した。

戦後日本の慰安婦言説

日本軍専用の慰安所はいまから九〇年近く昔、第一次上海事変（一九三二年）時の上海で作られたという。敗戦とともに廃止されるまでの一三年という期間が長いか短いかは見方次第だが、すでにその歴史を閉じてから七〇年以上が過ぎた。だが慰安婦の記憶は風化するどころか時とともにいっそう補強され、最近では国家の枠を超えた人権問題にまで発展しつつある。

もっとも周知の通り、慰安婦問題は当初からいまほど活発に議論されていたわけではない。まず日本の場合、GHQ占領下では戦争に関する言論活動自体が制限されていた。主権が回復された一九五二年から、ようやく「戦記物」と呼ばれる主に大衆文芸が大量消費され始める。

慰安婦は当然そこにあるべき背景の一部、また「軍需品の女」「売春婦となった従軍看護婦たち」といった興味本位の読み物の主人公として描かれた。また富田邦彦編『戦場慰安婦 味坂ミワ子の手記』（一九五三年／富士書房）のように、慰安婦自身の言葉を通じてその悲惨な実情を世に訴える試みも早くからある。

もちろん朝鮮人が慰安婦の多くを占めたことは認識されていたが、当時はまだそこに何らかの意味が見出されることはなかった。ようやく一九七三年の千田夏光著『従軍慰安婦〝声なき女〟八万人の告発』（双葉社）に至って、現在の慰安婦問題に通じる枠組みが提示される。つまり日本統治下の朝鮮から意に反して連れてこられた被支配民族、という図式だ。

韓国で再発見された慰安婦問題

韓国では一九四八年の政府樹立からしばらく、「慰安婦」というと駐留米軍相手の米軍慰安婦を指すことが多かった。もっとも彼女たちの呼び名は「西洋姫」を意味する「洋公主《ヤンゴンジュ》」のほうがポピュラーだったようだ。

いまでいう「慰安婦」、つまり日本統治下の日本軍慰安婦も、映画や新聞記事などを通じて公に語られてはいた。だが当時は軍属や労働者などの動員、徴用とさして違わない問題と認識されていたらしい。韓国でも一九七〇年代に入ってようやく戦時下の挺身隊や日本軍慰安婦への関心が高まりを見せ始めるが、情報の大部分は千田の『従軍慰安婦～』をはじめ日本人及び在日コリアンの研究に依存していたという。

秦郁彦は『慰安婦と戦場の性』(一九九九年/新潮社)で、『東亜日報』編集局長だった宋建鎬《ソンゴノ》が一九八四年に刊行した本から次のような記述を引用している。「日本当局は一九三七年末の南京攻略後、徐州作戦が開始される頃に、朝鮮内の御用女衒たちに指示して、貧乏で売春生活をしていた朝鮮女性たちを多数中国大陸へ連れて行き、『慰安所』『簡易慰安所』『陸軍娯楽所』などの名称を持った日本軍の施設に配置し、日本軍兵士の慰みものにした」「日本軍に出入りする御用女衒たちが朝鮮に来て、駐在所や面長を先頭に『らくちんで金もうけできる仕事場がある』とだまして連れ去ったのである」(『日帝支配下の韓国現代史』風涛社)。三三年後に有罪判決を受けることになる朴裕河の叙述と、おおむね似た内容である点が興味深い。

だが冷戦の終わりと民主化をはさんで急変した韓国の言論環境は、女性の人権問題という新しい視点からもう一度「慰安婦問題」の枠組みを組み立て直す。ここで大きな役割を果たしたのが、元梨花《イファ》女子大学英文科教授の尹貞玉《ユンジョンオク》だ。

"強制連行された少女"

反共独裁のくびきから抜け出そうとしていた一九八〇年代の韓国では、民族主義左派的な言説が浸透する。軍事政権は日米という両巨大資本に従属する傀儡であり、韓国の民主化はそのいずれにも闘争を挑まなくてはいけない――。こうした世界観に立って韓国の人権問題を眺めた時、日米の資本によって性を搾取される女性の姿が浮かび上がった。一九七〇～八〇年代に流行した日本人男性観光客による買春ツアー「妓生《キーセン》観光」、そして駐留米軍向けの性風俗産業の従事者たちだ。ここから日本軍慰安婦が外圧によって搾取される女性のシンボルとされ、急速に脚光を浴びていく。

秦の前掲書によれば「慰安婦問題がはじめて公式に取りあげられたのは、一九八八年に韓国女性団体連合会が開催した女性と観光問題（いわゆるキーセン観光）についてのセミナーで、『それ以来、この問題は韓国における女性運動の共同の課題』になった」とされている。このセミナーは恐らく韓国教会女性連合会が同年四月、妓生観光のメッカだった済州島《チェジュド》で開催した「女性と観光文化」のことだろう。

そこで日本軍慰安婦の問題を提起したのが、尹貞玉だ。もっとも聯合ニュースによると、尹は当時まだ慰安婦を指して挺身隊と呼んでいた。挺身隊は工場などでの勤労奉仕を義務づけられた組織であり、この混同は『帝国の慰安婦』でも指摘されている。

尹は一九八〇年頃から日本、タイなどを回って慰安婦の足跡を取材。同時に日韓でこの問題に関連する人脈を広げたという。そしてその成果を、一九九〇年一月から「『挺身隊』怨恨を秘めた足跡の取材記」として左派系の『ハンギョレ新聞』に連載。韓国ではこれを起爆剤として、新しい女性問題としての慰安婦問題が広く周知されることになった。そして「御用女衒」に騙された「売春婦」という前述の認識に代わり、〝強制連行された少女〟という慰安婦像が定着していく。

有力な圧力団体に成長した「挺対協」

尹は一九九〇年一一月、三〇近い女性団体の連合体として「韓国挺身隊問題対策協議会」(挺対協)を設立。挺対協は慰安婦が日本軍によって強制連行されたと主張し、日本政府に戦争犯罪の認定、公式謝罪、法的賠償などを求める運動を展開するようになる。

さらに翌年八月、その呼びかけに応じて金学順《キムハクスン》が元慰安婦として初めて名乗りを上げた。これに追随する形で数人がまた名乗り出たことを受け、挺対協は同年一二月に日本政府を相手取った補償請求訴訟を提起している(二〇〇四年上告棄却)。

挺対協はこうした活発で組織立った活動を継続しながら、やがて閣僚経験者や国会議員らが名を連ねる有力な圧力団体に成長。一民間団体でありながら、日韓の慰安婦問題で大きな影響力を振るうまでになった。

挺対協は一九九五年の「アジア女性基金」、また二〇一五年の「日韓政府間合意」などに対して強硬に反発。二〇一一年一二月、ソウルの日本大使館前に「平和の碑」と名づけた少女像を設置したのもこの挺対協だ。近年はまたベトナム戦争時に韓国軍兵士が行った現地女性への性暴力にもフォーカスするなど、日韓の枠を超え世界レベルでの戦時性暴力への反対活動を繰り広げている。

なお挺対協は二〇一八年七月、「日本軍性奴隷制問題解決のための正義記憶財団」との統合を経て「日本軍性奴隷制問題解決のための正義記憶連帯」（正義連）に改称。今後は戦時性暴力の再発防止、日本軍慰安婦問題に関する調査・研究、次世代に歴史を継承する活動などに力点を置く方針という。

「ナヌムの家」とは

朴裕河は『帝国の慰安婦』の日本語版序文で、裁判についてこう記している。「実質的には慰安婦たちの休息空間『ナヌムの家』の管理所長とその依頼を受けた『ナヌムの家』の顧問弁護士による提訴・告訴でした」。

「ナヌムの家」とは、一部の元慰安婦女性らが暮らす民間の老人福祉施設のことだ。

韓国政府に登録された元慰安婦女性二四〇人のうち、二〇一八年一〇月時点で存命は二七人。年齢構成は八五～八九歳八人、九〇～九五歳一七人、九五歳以上二人だ。このうち同月時点で九五歳以上一人を含む計七人が「ナヌムの家」で暮らしている。

「ナヌムの家」は、一九九二年に仏教系の人権団体によって設立された。元慰安婦女性に生活空間を提供するほか、日本大使館前での定例デモで挺対協と行動をともにするなど政治団体的な側面も併せ持つ。設立当初はソウル市内数カ所で運営していたが、一九九五年にソウル近郊の京畿《キョンギ》道《ド》広《クァン》州《ジュ》市《シ》に土地の寄贈を得て移転。ほどなく社会福祉法人の認可を得て、民間及び自治体などの後援で運営されてきた。一九九八年には慰安婦に関する歴史博物館を併設。二〇一七年には「ナヌムの家」での暮らしを経て亡くなった元慰安婦女性ら一八人（二〇一八年一〇月時点）を追慕する二階建ての記念館も作られた。

訴訟を支援しているパク・ソナ漢陽《ハニャン》大学法学専門大学院教授によると、『帝国の慰安婦』刊行から半年経った二〇一四年二月頃に「ナヌムの家」所長から同書について相談を受けたという。パク教授は学生七人と検討した上で、訴訟が必要と判断。これを受けて元慰安婦女性の名義で提訴、告訴に踏み切ったという経緯がある。元慰安婦女性側は担当弁護士のほか大韓弁護士協会などが参加し、計一〇人近い弁護団が構成されたという。

偶然が重なり所長を引き受ける

「私はもともとこうした社会運動に関心があったわけではありません。元慰安婦女性についてもテレビで八月一五日の記念番組を見て『ああ、そんな問題があるんだな』と思いつつ、しばらく経つと忘れてしまう程度で……。女性の人権とかそういう問題とは無縁の会社員でした。所長を引き受けることになったのは、いくつかの偶然からなんです」

こう語るのは、「ナヌムの家」所長のアン・シングォン。一九六一年生まれ、韓国東北部江原道《カンウォンド》出身の彼は、大手製菓メーカーを経て建築資材を作る会社に勤務していた。もともと歴史問題と何の縁もなかった彼と「ナヌムの家」の縁を取り持ったのは、保育園で共働きをしていた夫人だったという。

「当時私は会社員をしながら自分磨きのつもりで大学の夜間大学院に通い、社会福祉士の勉強をしていました。初めて『ナヌムの家』を訪れたのはちょうどその頃、二〇〇〇年一二月のことです。妻が『ナヌムの家』を手伝っていた知人の尼僧を訪れることになり、私が運転手として一緒に出かけたんですよ。妻も別に女性の人権や歴史問題の専門家というわけでなく、熱心な仏教徒だっただけです。ただ保育園の仕事をしていたので、地域の社会活動に参加する機会が多かったといえるかも知れません」

慰安婦問題の先頭に立つ

別段の考えもなく「ナヌムの家」を訪れたアンにインスピレーションを与えたのが、一人の日本人だった。

「そこで働いている日本人女性がいたんです。なぜ加害国側の人が働いているのか、最初は理解できませんでした。『ナヌムの家』では日本人見学者のために日本語通訳を必要としていたんですが、ソウル都心から離れた郊外で勤務条件も悪く、韓国人のなり手がいなかった。それを陶芸の勉強で韓国に留学していた日本人女性が、引き受けていたわけです。当初は『ナヌムの家』について特に深い考えもありませんでしたが、彼女の良心に刺激を受けて関心を持つようになりました」

アンは社会福祉の知見を見込まれ、創設以来の所長だった僧侶のヘジン和尚から後任を依頼される。実はこれと前後して、「ナヌムの家」ではヘジン和尚を巡るスキャンダルがあった。ヘジン和尚は二〇〇一年二月一七日に会見を開いて「ナヌムの家」職員を含む女性二人と不適切な関係にあったと告白し、所長辞任を発表している(『東亜日報』二〇〇一年二月一九日付)。アンが二代目所長に就任したのはその少し前、二月初めのことだ。

アンはやはり勤務条件と家計を勘案して悩んだが、仏教徒の夫人から強い勧めを受けて後任を引き受ける決意をしたという。

「ハルモニ(おばあさん)たちに対しても、先入観がありました。テレビのニュースで見るのは、いつもデモも現場で怒っている姿でしょう。こんな人たちの世話ができるのかと正直思いましたが、いざ会ってみると、実の祖母のように暖かく気づかってくれました。そうした態度からむしろ彼女たちが負った心の傷が伝わるように感じられて、正式に承諾を決めたんです」

メディアの注目を集める「ナヌムの家」には、多くの寄付金が寄せられているに違いない――。アンは当初こう考えていたが、韓国社会の関心は想像以上に低かった。所長就任当時の寄付金は月一二〇万ウォン（約一二万円）ほどに過ぎなかったという。

そこでアンはまず、「三一節」「光復節」を含む年四回の記念日イベントを企画。また国会議員、市・区議会議員、企業経営者団体などに働きかけ、精力的に賛助を募る。さらに海外に向けたアピールも積極的に繰り広げ、「ナヌムの家」はその存在感を徐々に高めていった。そうした活動を通じて、アンは日本にもたびたび足を運んでいる。

〝正しい歴史〟を取り戻す

「妻と三人の子供を連れて、遊びで日本旅行したこともありますよ。東京で泊まって、子供たちが小さかったのでディズニーランドなどを観光しました。東京では子供たちが近くのコンビニでラーメンを買ってきて、それをホテルで調理して食べた思い出もあります」

慰安婦合意など一連の問題を巡って日本政府を厳しく非難するアンだが、日本に対する意識は同年代の平均と大きくは違わないようだ。

上／アン・シングォン所長
左／ソウル市城北区城北洞に設置されている少女像。左が朝鮮人少女、右が中国人少女を象っている

「日本に対していろんな考えが混在しているんです。私たちは学校で、韓国と日本がかつて対立関係にあり、いまだ清算されていない過去があるという歴史を習いました。三六年間の植民地支配を通じて起こった人権蹂躙は、正しく清算すべきではないのか。そういう考えも持つ一方で、子供の時に一番欲しかったのはソニーのカセットテープレコーダーでした(笑)」

三人の子供はすでに三〇歳、二六歳、二三歳。上の二人は日本旅行が好きだという。

「もう大人ですから、自分たちだけでよく遊びに行っています。一番上の長女はちょうど二カ月前、大阪に行ってきたところです。この間は大阪であったという嫌韓発言の話もしていました」

それでも若者がどんどん日本へ行くことについて、アンは肯定的に考えていると話す。

「なぜ嫌いな日本へ観光しに来るか? 私たち、特に若い世代ほど、歴史や外交と観光を一緒くたに考えることはありません。そうした意味で、私は韓国人のほうが少し進歩的、開放的なのではないかとも思います。日本は国土が広く、自然にも恵まれ、生活も豊かでしょう。私が日本に行っていつも感じるのは、人々が謙虚で礼儀正しいということです。また他人を不快にさせないよう常に配慮して——。あと、いつ見ても道路がきれいなのも毎回気づく部分ですね(笑)。そうしたいい部分も含めて日本について知るべきことを知り、歴史的に話すべきことも話すべきでしょう。私がこういう仕事をしているので、うちの子供たちも歴史問題について正しく理解しています。その上で日本のいい部分を学べばいいのではないかと思いますね」

そうした立場からアンが目指すのは〝正しい歴史〟を取り戻すことだ。

「日本に対して肯定的な考えもたくさんある一方で、歴史的に整理すべきことは整理しなくてはいけない。といってもそれは、誰かを捕まえて処罰しようということではありません。おばあさんたちを連れていった人たちを捕まえて処罰するとか、そんなことがいまの私たちにできるはずもないでしょう。そうではなく、事実を記録して〝正しい歴史〟を打ち立てる。これが私たちがやらなくてはいけないことなんです」

少女像の存在理由

「ナヌムの家」も参加している「水曜集会」は、毎週水曜日に日本大使館前で日本政府の謝罪と法的賠償を求める事実上の抗議デモだ。主管は主に挺対協だが、異なる団体が代わりにその役目を負うこともある。「ナヌムの家」もたびたび「水曜集会」を主管してきた。

二〇一一年一二月に水曜集会の一〇〇〇回目を記念し、日本大使館前の公道に無許可で建てられたのが「平和の碑」こと慰安婦像。一〇代半ばに見える少女が日本大使館に向かって椅子に腰かけ、無言で見つめ続ける銅像だ。慰安婦像はその後韓国各地に作られているほか、アメリカ、カナダ、中国、オーストラリア、ドイツ、香港、台湾にも広がっていった。

「対日請求権は朝鮮半島の植民地支配で発生した財産権を巡る問題についてであり、各地の戦場で発生した慰安婦の被害は含まない、また戦争犯罪に時効はないというのが私たちの立場です。しかし日本大使館の関係者とも非公式で三〜四回話したことがありますが、彼らはおばあさんたちの請求権は一九六五年の国交正常化と同時に消滅したという立場で一貫していました。これでは話にならない、ではどうするかというと、第三国に知らせていくしかない。そこで二〇一一年にアメリカのニュージャージー州に建てられた記念碑を皮切りに、グレンデール市をはじめ各地に建てられていったんです」

「ナヌムの家」も、海外での慰安婦像建立に積極的な立場だ。実際に米ジョージア州ブルックヘブンで二〇一七年六月に日本大使館前と同じデザインの少女像が建てられた際、「ナヌムの家」は地元団体とともに主導的な役割を果たした。アンは韓国メディアでもたびたび、次のように発言している。「アメリカ全域にナチスの蛮行を告発するホロコーストセンターが五一カ所もある」「私たちも日本軍慰安婦記念碑を建て、国際的な問題としてアピールしていく」(『韓国日報』二〇一六年五月八日付)、「継続する日本の暴言、妄言に対して真実を伝えるため、在米の団体と連携してより多くの少女像を建てていく」(『日曜時事』二〇一七年六月三〇日付)。

「日本軍慰安婦問題が解決して終わったとしても、少女像には世界のあちこちでおばあさんたちの〝正しい歴史〟を伝えていく役割があります。それを日本を卑下していると考えるから、対立が生じるのでしょう」

「日本はいま平和に暮らしていますが、例えばアフリカの内戦のように女性に対する人身売買や性暴力の被害は現代にも続いている問題です。以前ここを見学に来た外国人が『ナヌムの家』をベンチマークにして、アフリカで被害にあった女性のシェルターを運営している例もあります。そうした視点から考えた時、日本がいまからでも問題を認めて〝本当の謝罪〟をすることには、大きな意義があると思います。そうしてこそ日本は国際社会から支持され、リーダーシップを発揮できるようになるのではないでしょうか」

一九三二年に始まり、一九四五年の敗戦まで一三年ほど続いた日本軍慰安婦制度。彼らのいうその〝正しい歴史〟を打ち立てる作業は、未来に向けていっそう熱を帯びようとしている。

「独島サラン」と南北の絆

韓国メディアでは民族の自尊心の象徴、また熱烈な愛情の対象として描かれる「独島《トクト》」。民主化を経て新たな意味を与えられた「独島」は、民族統一のシンボルとしても歌われている。先の見えないこの領土問題も、複雑な現代史や人間模様が入り混じる混沌の世界だ。

一線を越えた李明博大統領

「独島、日本でいう竹島に『独島警備隊』というのが常駐しているでしょう。あれ、軍隊じゃなくて警察だって知っていましたか？ 韓国の解釈だと、あそこは国の一部だから警察がいなくてはおかしい、というのが建前。だから常駐させているだけで、それが軍隊だと国境紛争になってしまう。

だから李承晩《イスンマン》以来、朴正熙《パクチョンヒ》も全斗煥《チョンドゥファン》も盧泰愚《ノテウ》も、みんな軍隊は置かなかった。あそこはアンタッチャブルだ、一線を越えれば取り返しがつかなくなる、と分かっていましたから。で、その取り返しのつかないことをやらかしたのが李明博《イミョンバク》なんです」

こう話すのは一〇六ページで登場する日本在住の大学教員、イ・ジョンソク。「取り返しのつかないこと」とは、二〇一二年八月に李明博が現職の大統領として初めて竹島に上陸したことだ。

背景にあったのは、慰安婦問題。韓国の憲法裁判所はちょうど一年前の二〇一一年八月、従軍慰安婦問題に関する請求権協定を巡って「韓国政府が日本政府に問題解決を働きかけないのは憲法違反」との判決を下す。これを受けて李大統領は慰安婦問題解決を積極的に求める立場に転じたが、日本の反応は冷ややかだった。

そこで李大統領は任期が残り半年に迫った時期に、自ら竹島へ上陸して日本への不満を表したわけだ。また同時期に行った天皇に謝罪を求める発言も日本で大きく問題視され、まだ望みのあった両国関係は一気に冷却期へ突入した。

こうしてトップがタブーを踏み越えた後は、なし崩し的に韓国国会議員らの竹島上陸が相次いでいる。二〇一二年一二月、二〇一六年八月、また二〇一八年には五月から一一月にかけて三度も議員団が上陸し、日本政府を刺激し続けてきた。

「独島」が「愛」の対象になる仕組み

竹島、韓国でいう「独島《トクト》」問題は、日韓の非対称性が鮮明になるテーマの一つだ。例えば韓国で「独島」を巡って一九九〇年代から叫ばれてきた有名なスローガンに、「独島サラン」がある。「サラン」は韓国語で「愛」、つまり直訳すれば「独島愛」だ。また「独島は民族の自尊心」というスローガンも、早くから韓国の各メディアで掲げられてきた。

日本でも日韓関係の悪化にともなって、竹島問題の認知度が高まっているようだ。だがそれでも「竹島愛」「竹島は民族の自尊心」のように置き換えてみると、大きな違和感がある。なぜあの小さくて何もない岩礁が「愛」の対象や「自尊心」のシンボルになるのか、日本人にはまずそこから理解できない。

その答えを知るヒントとして、例えばこんな言説がある。韓国三大主要紙の一つ『東亜日報』の政治部次長が書いたコラムの一文だ。

「再び日本が私たちの土地の一部を狙うのは絶対に容認できない。独島の経済的価値を離れ、民族的自尊心から許されない」（二〇〇五年三月六日付）。つまり日本側の領有権主張は韓国の「独島」を巡る言説のなかで、朝鮮半島の「再侵略」を試みていると理解される仕組みだ。

その背景にはまた、次のような「歴史認識」もある。一九〇五年に島根県に編入された「独島」は侵略の最初の犠牲であり、それが解放によって戻ってきたことで独立のシンボルともなった。したがって日本によるその「再侵略」の試みは、再び民族の独立を脅かす重大な挑発にほかならない。こうした悲壮な危機感から、「独島」を巡る愛国心や郷土愛がメディアや一部活動家らによって盛んに呼びかけられるわけだ。

「独島」への過酷な旅

だが「独島サラン」の実践は、しばしば大きな代償をともなってきた。

まず本土から「独島」までの道のりが、恐ろしく長い。李明博や議員団はヘリコプターで直行したが、それ以外はみな上陸まで気の遠くなる旅程を経ている。

ソウルを起点に「独島」へ行く場合、中継地点となる鬱陵島《ウルルンド》行きの船が発着する江陵市《カンヌンシ》、東海市《トンヘシ》、浦項市《ポハンシ》までそれぞれ車ないし鉄道で四~五時間。そこから鬱陵島まで船で三~四時間、さらに「独島」までまた船で三時間ないし一時間四〇分。片道一泊二日の強行軍だ。

もちろんこれは現代の話であり、船舶の性能が低かった昔はさらに長時間を要した。一九七〇年代には、新しい漁船で鬱陵島から「独島」まで片道一〇時間を要したという証言もある。霧のため「独島」を見つけられず、引き返すことも少なくなかったようだ。

加えて本土→鬱陵島→「独島」の航路は波が荒く、いずれも強風や高波で欠航することが多い。いったん海が荒れると鎮まるまで日数を要することもあり、鬱陵島で一週間近く足止めされたという体験談も日常茶飯事だ。周辺の海域では、現在でも漁船の遭難事故が頻発している。

さらに「独島」の自然環境は、この道のり以上に厳しい。地形は人を寄せつけない絶壁だらけで常に転落の危険があり、真水が湧く泉もない。もちろん食料になる植物もなく、補給なしで取り残されたら死ぬ以外にない環境だ。

だがそれでも「独島」はこれまで、さまざまな韓国人の活動の舞台となってきた。

一九五〇年代から警察常駐や灯台設置、一九七〇年代から植樹運動などが行われ、一九九一年には電話線も開通した。一九九六～九七年には埠頭も建設されている。さらに二〇〇五年から民間人の上陸制限が緩和され、「独島サラン」を競う記念イベントが盛んに行われるようになった。

「独島サラン」の高い代償

そうした活動の最中に不慮の事故で亡くなった人は、確認できただけで一〇人いる。うち七人は警官及び機動隊員だ。その最も古い例は一九五四年一一月、食料の運搬中に断崖から

北朝鮮
韓国
江原道
●江陵
●東海
鬱陵島
▼竹島（独島）
ソウル
仁川
京畿道
忠清北道
忠清南道
慶尚北道
隠岐島
大田
●浦項
全羅北道
大邱
蔚山
慶尚南道
光州
釜山
全羅南道
対馬
済州道

転落した二一歳のホ・ハクト警査。最も新しい例は二〇〇九年一月、やはり断崖から転落死したとされる三〇歳のイ・サンギ警査だ。そのほか一九七〇年から一九八二年にかけて二人が転落死、三人がボートの転覆や高波にさらわれるなどして亡くなっている。

「独島」には、殉職した七人の慰霊碑が立てられている。新しく赴任した警備隊員は、まずこの慰霊碑の前で祭事を行うならわしだ。二〇一二年に上陸した李明博大統領も直筆石碑の除幕式を行う一方で、慰霊碑に黙禱を捧げていた。

一〇人のうち残る三人は、埠頭建設作業のため「独島」へ向かう途中だった船員だ。一九九六年四月、浮きドックを曳航していた曳船とともに海に沈んだ。沈没の原因はやはり強風と高波。工事を請け負った建設会社の会長が当時のメディアに語ったところでは、事故のせいで「独島に行かされるなら会社を辞める」という従業員が続出したという。

そのほか一九五六年八月二五日付『東亜日報』は、こんな話も伝えている。時期は未詳だが悪天候で食料の補給が五一日間も途絶え、一〇名の警備隊員が死亡寸前のところを辛うじて救助されたことがあるそうだ。

文字通り命がけの「独島サラン」は、日本の感覚では想像しがたい悲壮さも漂う。主張の対立を超えて、ただもう犠牲者が増えないことを祈るばかりだ。

「独島」で愛を誓う

韓国にはまた「独島」ないし沿岸の船上で、結婚式を挙げる男女もしばしば現れる。現地紙によるとその第一号は、一九九六年二月に船上で結婚を誓った二〇代カップルだ。ただしこの挙式は、釜山《プサン》のイベント会社が費用込みで提案した企画だったという。

一九九六年は排他的経済水域（ＥＥＺ）を巡り、韓国で「独島」への関心と反日感情がにわかに高まった年だ。

ＥＥＺは国連海洋条約に基づいて、沿岸から一定範囲内で設定される経済水域。日本は一九九六年六月の国連海洋条約批准を経て、翌七月から効力が生じた。ただし「独島」の扱いはまた棚上げになり、後の日韓新漁業協定で周辺の海域が「暫定水域」に設定されている。こうした過程で韓国メディアは「竹島は日本の領土」という従来からの日本政府の立場に対し、また「独島妄言」などと一斉に猛反発したわけだ。

翌一九九七年の三月一日には、「抗日運動市民連合」という団体の主催で一三組が同時に船上結婚式を挙げた。三月一日は日本統治時代の大規模な抗日闘争を記念する祝日「三一節」だ。

船上でなく実際に「独島」で最初の結婚式が行われたのは、二〇〇五年四月。これは同年三月に島根県議会が「竹島の日」を制定したことへの対抗措置として、韓国政府が民間人の上陸制限を緩和した結果だ。

二〇〇九年には韓国の国土海洋部（省庁の一つ）及び浦項港湾庁が、「独島」ベビー誕生を目指すイベントを主催している。これは新婚夫婦を妊娠可能な周期に「独島」へ招待し、専用の一室で一夜を過ごさせるという内容だ。

当時の現地メディアはこのイベントについて、次のように説明している。「新婚夫婦が独島で一夜を過ごして『独島っ子』を出産、領有権強化のための象徴的な意味合いから計画されたイベント」（『文化日報』二〇〇九年五月一五日付）。ただし首都圏の三〇代夫婦が同年八月に「独島」で夜をともにしたものの、「独島」ベビー誕生という続報はなかった。

記事にある通り「独島」ベビーがもし生まれても、メディアがもてはやすだけの「象徴的な意味合い」しかない。だが実際に「独島」で出産し、そこを出生地とする国民が生まれれば、領有権強化に役立つのではないか――。

こうした期待から、一九九〇年に「独島」での出産に挑んだ妊婦がいる。妊婦の意向が報道を通じて全国に伝わると、「独島」関連団体を中心に支援運動がスタート。政治家、自治体、メディアも注目する一大イベントとなり、産婦人科医や看護師を派遣する手はずまで整えられた。だが結局、悪天候に出港を阻まれたまま産気づいて失敗に終わっている。

コミックソングだった「独島ヌン ウリタン」

EEZと「独島」を巡って、日韓の領土問題が大きく炎上した一九九六年。この年から韓国の小学校を中心に歌われ始めた歌が、有名な「独島ヌン ウリタン（独島は我らが土地）」だ。

これはもともと一九八二年六月に発売された歌謡曲、というより一種のコミックソング。歌詞には何か特別なメッセージがあるわけではない。「独島」の住所、面積、経度と緯度、また韓国の主張に登場する文献記録と年号などを単調なメロディとリズムに乗せつつ、「独島ヌン ウリタン」と繰り返すだけ。速いテンポの2ビートは、韓国の庶民的な大衆歌謡の典型だ。

作詞作曲は公営放送KBSでディレクターなどをしていたパク・ムニョン。KBSのコメディ番組「ユーモア一番地」でお笑い芸人が歌った後、企画物のオムニバスアルバム「笑える歌と笑えない歌」の一曲として発売された。

当時のメディアでは「滑稽な異色歌謡」（『東亜日報』一九八三年一月二五日付）、「低俗なCMソングや流行歌」の一つ（『京郷新聞』一九八三年七月一二日付）などと、「イロモノ」扱いされている。その頃の韓国では「独島」への関心がまだ低く、後のように神聖な愛国心や民族の自尊心の象徴として広く認識されていなかったからだ。

だが「独島ヌン ウリタン」は発売からすぐ大学生を中心に人気を集め、一九八二年九月の世界野球選手権大会日韓戦では韓国チームの応援歌になる。また学生街のディスコで「独島ヌン ウリタン」がかかると、大学生らが合唱しながらダンスに熱狂したという。

その三年前の一九七九年一〇月に朴正熙大統領が暗殺され、大学生ら民主化を求める勢力は「ソウルの春」に沸いた。だがクーデターを経て一九八一年三月に就任した全斗煥大統領は、民主化勢力を強硬に弾圧。「ソウルの春」はおびただしい犠牲とともに潰え、学生街は重苦しい閉塞感に包まれていた。

一方で「独島ヌン ウリタン」発売の翌月、一九八九年七月には日本の歴史教科書問題が起こる。発端は日本メディアの誤報だったが、中韓メディアは連日激しい対日批判を繰り返した。こうした閉塞感と燃え盛る反日感情のなか、学生街の若者たちは「独島」という新しい民族主義のモチーフを喜んでもてはやしたわけだ。

強化されていく「独島教育」

「独島ヌン ウリタン」は、一九八〇年代の中頃から話題に上らなくなった。だがＥＥＺ問題で再び注目を集めた後、公教育の現場で歌われる愛国唱歌に変貌を遂げていく。

2005年３月に島根県が「竹島の日」（２月22日）を制定したことで、韓国メディアは猛烈な対日批判を繰り広げた。その勢いは市場にもあふれ出し、さまざまな「独島グッズ」を生み出している。上は男性用の「独島パンツ」、下は子供用の「独島サンダル」

韓国の教育部（省庁の一つ）は一九九六年二月、「独島ヌン　ウリタン」の歌詞を小学校教科書に掲載すると発表。これは「歌詞の内容に誤りがあった」との理由で同年六月に撤回されたが、メディアでは教師の裁量で児童に歌わせている例が相次いで紹介された。

韓国の「独島」領有権主張がいかに正しいかを、児童生徒に教育する――。これは「独島教育」と呼ばれ、実際に公教育のカリキュラムに組み込まれている。一九九六年から本格的に広まり、二〇〇五年の島根県による「竹島の日」制定など、ことあるごとに強化されていった。二〇一七〜一八年にも小中高校の教科書に領土問題を明記する日本政府の動きに対抗し、韓国の教育部及び各地の自治体が「独島教育」をさらに強化すると気勢を上げている。

そうした「独島教育」で行われる定番メニューの一つが、「独島ヌン　ウリタン」の合唱だ。四〇ページから登場する二〇〇〇年生まれのキム・ガンウも、小学校時代に「独島ヌン　ウリタン」を歌った体験を話している。

「独島教育」を受けたのは、例えばK-POPアイドルも変わらない。これまでも女性グループの少女時代、GFRIENDなどが「独島ヌン　ウリタン」ないしその替え歌を歌っていたとして、日本の一部メディアで物議を醸したことがあった。

日本の感覚からすると、若い女性アイドルが領土問題に言及するのはかなり異例だ。そのためことさら彼女たちの行動が、政治的なパフォーマンスとして異様に映ったのかも知れない。だが当人たちにとっては、子供時代から無意識に親しんだ歌の一つにすぎなかったともいえる。

平壌に響いた「独島」愛唱歌

ＥＥＺ問題と「独島」を巡る熱気が続いていた一九九七年、韓国のビール会社「朝鮮ビール（後のハイトビール）」がこんなアンケート調査を行った。「統一後、北朝鮮の同胞と一緒に歌いたい歌は？」。一位は、北朝鮮の有名な川を題名に取った懐メロ「涙に濡れた豆満江《トゥマンガン》」。そして二位が、ほかでもない「独島ヌン ウリタン」だ。

韓国が軍事政権時代から民主化に至った一九八〇～九〇年代、民主化運動を展開した勢力の間で反米民族主義が台頭。また、「巨大資本を背景に韓国を搾取する日米両国との闘争」を呼びかける声も広まった。そうしたなか従来は「主敵」とされた北朝鮮の位置づけも大きく変容し、南北の宥和が新たな民族のテーマに掲げられるようになる。そして韓国の論理でいうと日本の「再侵略」に脅かされる「独島」が、南北がともに守るべき存在として再浮上したのだ。

それをよりよく象徴する歌が、歌手ソ・ユソクが一九九〇年に発表した「一人ぼっちのアリラン（홀로《ホルロ》 아리랑《アリラン》）」。ソ・ユソクは、自ら立ち上げた「独島サラン会」の活動を通じて「独島サラン」という言葉を広めるのに貢献した社会運動家でもある。「一人ぼっちのアリラン」も大学生を中心に

人気を集め、「独島ヌン ウリタン」に次ぐ「独島」の愛唱歌となった。

タイトルの「一人ぼっち」とは、「独島」が沖合に寂しく浮かぶ様子を表している。歌詞はその「独島」にやさしく語りかけつつ、こんな下り（要約）へ続く。

「金剛山《クムガンサン》と雪岳山《ソラクサン》の澄んだ水が東海《トンヘ》（日本海）へ流れ込むのに、私たちの心はどこへ行くのか」。

北朝鮮の金剛山と韓国の雪岳山は、ともに朝鮮半島の名山。歌詞が描くのは、その南北二つの山から流れ出た水が「独島」を抱く「東海」で一つになる、という情景だ。次の「私たち」が韓国と北朝鮮を指しているのはいうまでもないだろう。

歌詞はさらにこう続く。「私たちはいつ一つになれるのか」「手をつないでともに行こう」。

島根県の「竹島の日」制定が、韓国メディア挙げての一大「独島守護」キャンペーンに火を点けた二〇〇五年。この年の八月、「一人ぼっちのアリラン」が平壌《ピョンヤン》の柳京鄭周永体育館《ユギョンチョンジュヨン》に響き渡った。日本でもヒット曲のある韓国人歌手チョ・ヨンピルが北朝鮮に渡って行った単独コンサート、「チョ・ヨンピル平壌2005」でのことだ。

本来は自分の歌しか歌わないというチョ・ヨンピル。その彼がアンコールに選んだのが、「一人ぼっちのアリラン」だ。コンサートの模様は韓国にも中継され、南北の聴衆がともにその歌声と歌詞に万雷の拍手を送った。

こうして「独島」は、南北のシンパシーをかき立てる民族意識のシンボルという新たな役割を与えられた。「独島」への愛＝「独島サラン」はいっそう切実な物語性を帯びながら、世代を超えて語り継がれている。

主要参考文献

『妖怪人間ベム大全』不知火プロ編／双葉社
『戦後韓国と日本文化「倭色」から「韓流」まで』金成玟著／岩波書店
『韓国ＴＶアニメーションの歴史』ファン・ソンギル著／コミュニケーションブックス
『帝国の慰安婦 植民地支配と記憶の闘い』朴裕河著／朝日新聞出版
『隣りの日本人』韓水山著／徳間書店
『慰安婦と戦場の性』秦郁彦著／新潮社
『いのちの旅人 評伝・灰谷健次郎』新海均著／角川書店
『日韓歴史認識問題とは何か』木村幹著／ミネルヴァ書房
『戦後日韓関係史』李鍾元 木宮正史 磯崎典世 浅羽祐樹著／有斐閣
『鏡のなかの日本と韓国』小島康敬 Ｍ・Ｗ・スティール編／ぺりかん社
『歴史認識を乗り越える 日中韓の対話を阻むものは何か』小倉紀蔵著／講談社
『反日ナショナリズムを超えて』朴裕河著／河出書房新社
『韓国が「反日国家」である本当の理由』崔碩栄著／彩図社
『韓国大統領列伝 権力者の栄華と転落』池東旭著／中央公論新社
『極限 なぜ限界状況で業績を達成する人がいるのか（Extreme: Why Some People Thrive at the Limits）』Emma Barrett, Paul Martin 著／オックスフォード大学出版局

高月 靖（たかつき やすし）

ノンフィクションライター。多摩美術大学卒。デザイナー、編集者を経て独立。韓国、性など中心に、さまざまなテーマを扱う。
主著：『韓国の「変」コリアン笑いのツボ82連発！』バジリコ／『にほん語で遊ぶソウル』アドニス書房・河出書房新社／『韓流ドラマ、ツッコミまくり』バジリコ／『南極1号伝説 ダッチワイフからラブドールまで特殊用途愛玩人形の戦後史』バジリコ／『徹底比較 日本 vs. 韓国』河出書房新社／『ロリコン 日本の少女嗜好者たちとその世界』バジリコ／『もう一歩奥へ こだわりのソウル・ガイド』河出書房新社／『韓国芸能界裏物語 K-POPからセックス接待まで 禁断の事件簿』文芸春秋／『独島中毒』文芸春秋／『キム・イル 大木金太郎伝説』河出書房新社／『在日異人伝』バジリコ

日本コンプレックス——韓国人の対日意識の深層

2019年1月29日　初版第1刷発行

著者　**高月 靖**
装丁　**高月 靖**
発行人　**長廻健太郎**
発行所　**バジリコ株式会社**
〒162-0054
東京都新宿区河田町3-15 河田町ビル3階
電話：03-5363-5920　ファクス：03-5919-2442
http://www.basilico.co.jp

印刷・製本　**中央精版印刷株式会社**

ISBN978-4-86238-241-2